AF834777

विषय

"तत्वमसी तुम्हीं तत्व हो ।"

तत्वमसी

"कभी कभी अकर्म भी कर्म से ज़्यादा श्रमवान होता है। और कभी दिशा भूल जाना भी दिशा पाना होता है ।"

दिशा

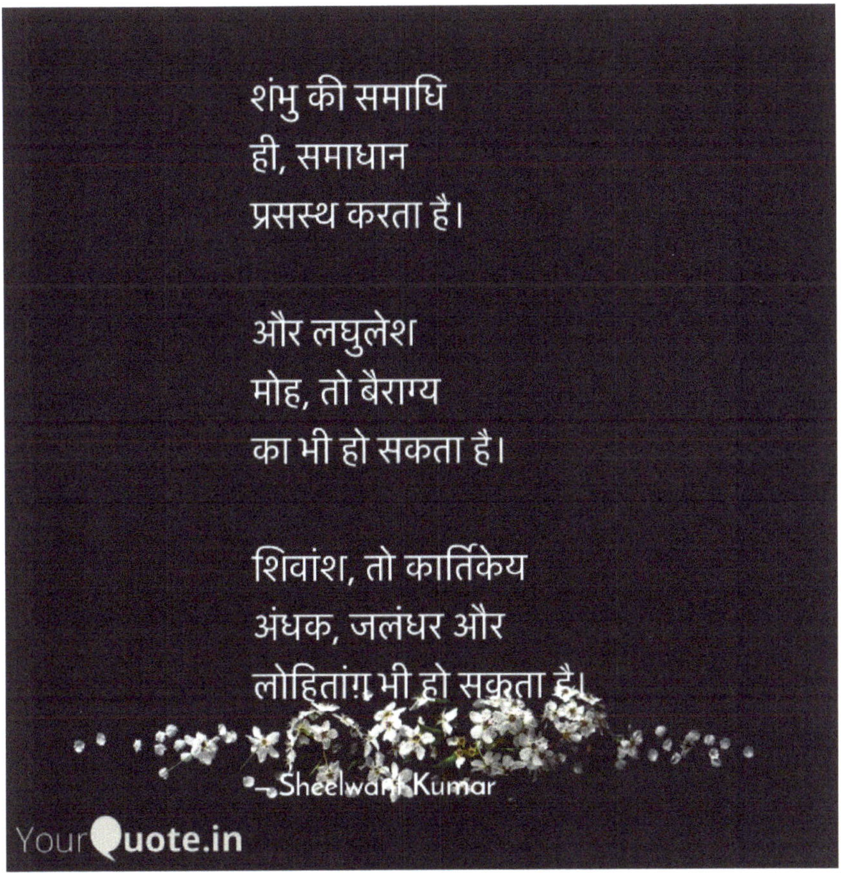

"शंभु की समाधि ही, समाधान प्रसस्थ करता है। और लघुलेश मोह, तो बैराग्य का भी हो सकता है। शिवांश, तो कार्तिकेय अंधक, जलंधर और लोहितांग भी हो सकता है।"

समाधि

"शिव अपने लिए वही करता जो उचित, अनिवार्य और कल्याणकारी है। और भक्तों के लिए कुछ भी ।"

महादेव

ईर्ष्या, द्वेष और निंदा
मोह जनित है।

ईर्ष्या ही वो विष है
जो महत्वकांक्षा
को जन्म देती है।

उचित, अनुचित
सत्कर्म, दुष्कर्म
भूल जाते हैं।

और स्मरण रहता है
तो केवल जीतना।

— Sheelwant Kumar

"ईर्ष्या, द्वेष और निंदा मोह जनित है। ईर्ष्या ही वो विष है जो महत्वकांक्षा को जन्म देती है। उचित, अनुचित सत्कर्म, दुष्कर्म भूल जाते हैं। और स्मरण रहता है तो केवल जीतना।"

ईर्ष्या

"स्वतंत्रता का अर्थ है अपने कर्मों के प्रति उतरदायी होना। अपने कर्मों का दायित्व दूसरे को मानना, प्रतंत्रता। जो दुखों का कारण दूसरों को नहीं मानता वो निर्भीक। और इनका सदुपयोग व्यक्ति का उत्थान।"

स्वतंत्रता

सुनने, समझने के
लिए, मन का
शांत होना आवश्यक है।

शब्दों, विचारों
के निरंतर लहरों
में विराम ।

शांति और सुख
आंतरिक है।
प्रत्येक आत्मा
का लक्ष सुख ही है।

ज्ञान की पूर्णता, आत्मज्ञान और
आत्मप्रेम, प्रेम का प्रथम चरण।

– Sheelwant Kumar

YourQuote.in

"सुनने, समझने के लिए, मन का शांत होना आवश्यक है। शब्दों, विचारों के निरंतर लहरों में विराम । शांति और सुख आंतरिक है। प्रत्येक आत्मा का लक्ष सुख ही है। ज्ञान की पूर्णता, आत्मज्ञान और आत्मप्रेम, प्रेम का प्रथम चरण।"

आत्मप्रेम

व्यक्ति जैसा होता है
वैसा ही अस्तित्व मिलता है ।

प्रयत्येक जीवन की
महत्ता है , स्वतंत्रता है।

जीवन के चार स्तम्भ
धर्म, अर्थ, काम, मोक्ष
सबकी समान महत्ता ।

जिस कर्मभाव में अहम
प्रबल वो अहंकार।

लोभ, अहंकार, महत्वकांक्षा
के अधीन जो, वो असुर।
ज़ो निस्वार्थ है, कल्याण
करता है, वो देवता ।

और उथान, पतन तो
देवताओं का भी होता है ।

– Sheelwant Kumar

YourQuote.in

"व्यक्ति जैसा होता है वैसा ही अस्तित्व मिलता है । प्रयत्येकं जीवन की महत्ता है , स्वतंत्रता है। जीवन के चार स्तम्भ धर्म, अर्थ, काम, मोक्ष सबकी समान महत्ता । जिस कर्मभाव में अहम प्रबल वो अहंकार। लोभ, अहंकार, महत्वकांक्षा के अधीन जो, वो असुर। ज़ो निस्वार्थ है, कल्याण करता है, वो देवता । और उथान, पतन तो देवताओं का भी होता है ।"

व्यक्ति

प्रेम की विभिन्न अनुभूति तो, तुम्हारे स्वरूपों से ही है पार्वती ।
सती रूप में अपने से दूर कर, मुझे मुझसे भी दूर कर दिया ।
समस्त ब्रह्माण्ड का हर सम्भव प्रयास करना, पुनर्मिलन के लिए,
तुम्हारा पुनर्जन्म लेना, एकाकिपन और वैराग़ से निकलने के लिए
विवश करना, और मेरा विवश हो जाना , ये प्रेम ही तो है ।
प्रथम चरण की अतिपिड़ा, तपस्स्या की पूर्णत्ता अनिवार्य थी,
अगला चरण, सुख, संपूर्णता और संतोष की अनुभूति कर पाएगा।
जब अननपूर्णा के रूप में बिना प्रतिबंध मेरी क्षुधा शांत करोगी
या कामख्या के रूप में प्रेम की कामना करोगी
प्रेम की अनुभूति ही होगी ।
सौम्या और सरल गौरी रूप में, अधिकार व्यक्त करूँगा,
उनकी मान्यता दोगी , विश्वास दिलाओगी की मेरे सिवाय
किसी और का वरचवस्य तुम्हें स्वीकार नहीं
प्रेम की अनुभूति ही होगी ।
जब मनोरंजन हेतु चौसर में पराजित करोगी ,
वो विजय मेरी ही होगी तुम्हारे मुख पर आयी प्रसन्नता,
दयायित्व की पूर्णता का आभास दिलाएगी,
तुम्हें सुखी देख मुझे सुख होगा, यही तो प्रेम है पार्वती ।
अस्त्र वहन कर दुर्गा रूप में संरक्षित कर शशक्त करोगी
वो प्रेम की अनुभूति ही होगी ।
काली रूप में संहार करते हुए, भूल से मेरे शरीर पर पावं रखोगी
और तुम्हारे जिह्वा का बाहर आ जाना, प्रेम ही तो है।
बारम्बार स्वंग को समर्पित कर, आभास दिलाओगी,
मैं तुम्हारे योग्य हूँ, मेरी वास्तविकता को प्रतिबिम्बित कर,
दर्पण के रूप को धारण कर लोगी, यही तो प्रेम है पार्वती।
– Sheelwant Kumar
YourQuote.in

"प्रेम की विभिन्न अनुभूति तो, तुम्हारे स्वरूपों से ही है पार्वती । सती रूप में अपने से दूर कर, मुझे मुझसे भी दूर कर दिया । समस्त ब्रह्माण्ड का हर सम्भव प्रयास करना, पुनर्मिलन के लिए, तुम्हारा पुनर्जन्म लेना, एकाकिपन और वैराग़ से निकलने के लिए विवश करना, और मेरा विवश हो जाना , ये प्रेम ही तो है । प्रथम चरण की अतिपिड़ा, तपस्स्या की पूर्णत्ता अनिवार्य थी, अगला चरण, सुख, संपूर्णता और संतोष की अनुभूति कर पाएगा। जब अननपूर्णा के रूप में बिना प्रतिबंध मेरी क्षुधा शांत करोगी या कामख्या के रूप में प्रेम की कामना करोगी प्रेम की अनुभूति ही होगी । सौम्या और सरल गौरी रूप में, अधिकार व्यक्त करूँगा, उनकी मान्यता दोगी , विश्वास दिलाओगी की मेरे सिवाय किसी और का वरचवस्य तुम्हें स्वीकार नहीं प्रेम की अनुभूति ही होगी । जब मनोरंजन हेतु चौसर में पराजित करोगी , वो विजय मेरी ही होगी तुम्हारे मुख पर आयी प्रसन्नता, दयायित्व की पूर्णता का आभास दिलाएगी, तुम्हें सुखी देख मुझे सुख होगा, यही

तो प्रेम है पार्वती। अस्त्र वहन कर दुर्गा रूप में संरक्षित कर शशक्त करोगी वो प्रेम की अनुभूति ही होगी। काली रूप में संहार करते हुए, भूल से मेरे शरीर पर पावं रखोगी और तुम्हारे जिह्वा का बाहर आ जाना, प्रेम ही तो है। बारम्बार स्वंग को समर्पित कर, आभास दिलाओगी, मैं तुम्हारे योग्य हूँ, मेरी वास्तविकता को प्रतिबिम्बित कर, दर्पण के रूप को धारण कर लोगी, यही तो प्रेम है पार्वती।"

प्रेम क्या है?

ऊं नमः शिवाय

"प्रेम की सम्पूर्णता का पर्याय है । विश्वास और स्वतंत्रता । और ये विश्वास है तो उनके स्वतंत्र इच्छाओं पर भी होना चाहिए । विश्वास और भ्रम में बहुत महीन भेद है। मोह भय अहंकार से परे ।"

प्रेम पर्याय

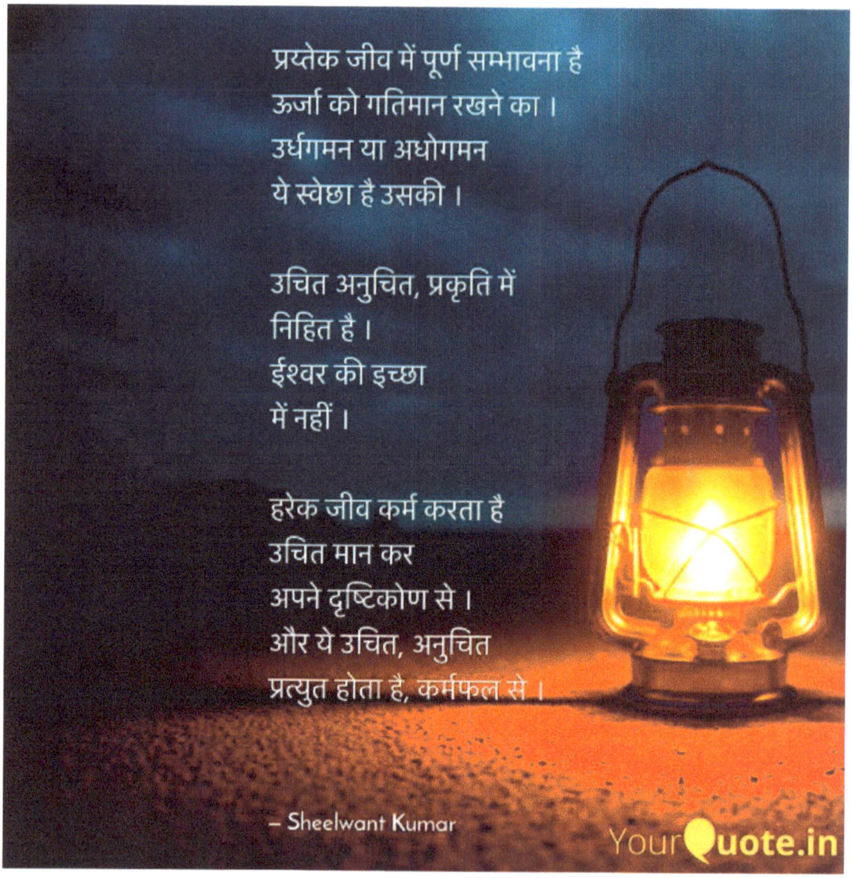

"प्रत्येक जीव में पूर्ण सम्भावना है ऊर्जा को गतिमान रखने का । उर्धगमन या अधोगमन ये स्वेछा है उसकी । उचित अनुचित, प्रकृति में निहित है । ईश्वर की इच्छा में नहीं । हरेक जीव कर्म करता है उचित मान कर अपने दृष्टिकोण से । और ये उचित, अनुचित प्रत्युत होता है, कर्मफल से ।"

उचित अनुचित

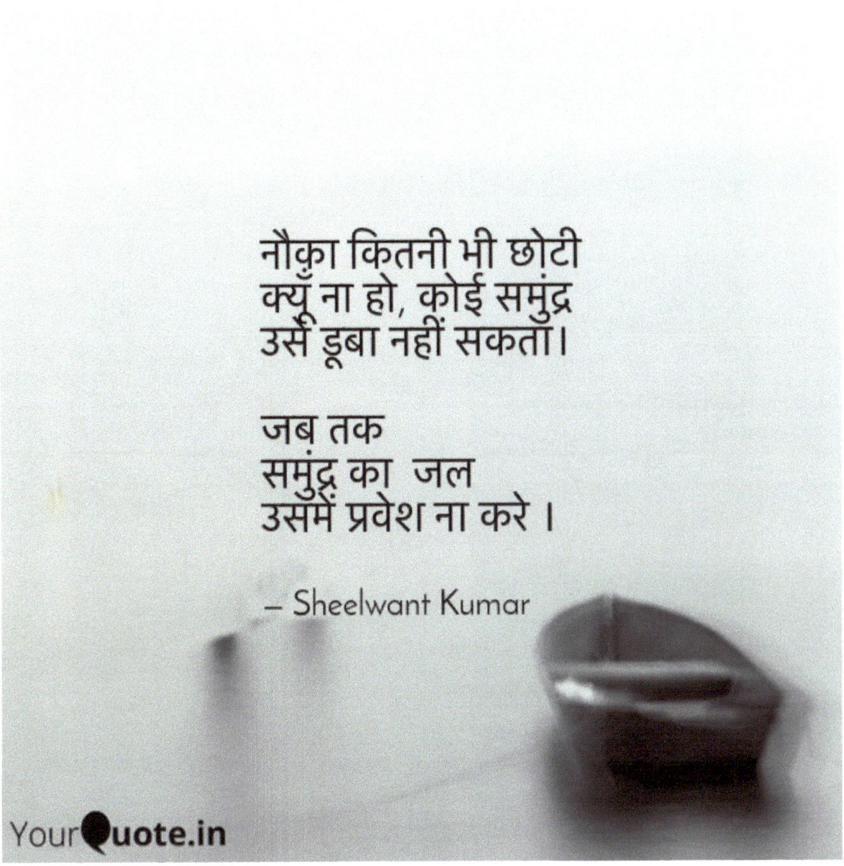

"नौका कितनी भी छोटी क्यूँ ना हो, कोई समुंद्र उसे डूबा नहीं सकता। जब तक समुंद्र का जल उसमें प्रवेश ना करे ।"

नौका

"जिससे स्वार्थ, विनाश क्रूरता, अशांति और भय में वृधि हो, वो अज्ञान है। जो व्यक्ति को उदार, निर्भीक सहनशील और विनर्म बनाए, वो ज्ञान है। ज्ञान का मूल उद्देश्य है परोपकार और सृजन।"

ज्ञान

चिरकाल तक स्मरण रहे।
जब तक श्वास है
शिव आप में हैं ।

और जब श्वास नहीं है
आप शिव में है।

भक्त तपस्या करता है
और वरदान की प्रतीक्षा।

शिव वरदान देते हैं
और कब समझेगा
की प्रतीक्षा ।

हर श्वास एक वरदान।

– Sheelwant Kumar

"चिरकाल तक स्मरण रहे। जब तक श्वास है शिव आप में हैं । और जब श्वास नहीं है आप शिव में है। भक्त तपस्या करता है और वरदान की प्रतीक्षा। शिव वरदान देते हैं और कब समझेगा की प्रतीक्षा । हर श्वास एक वरदान।"

वरदान

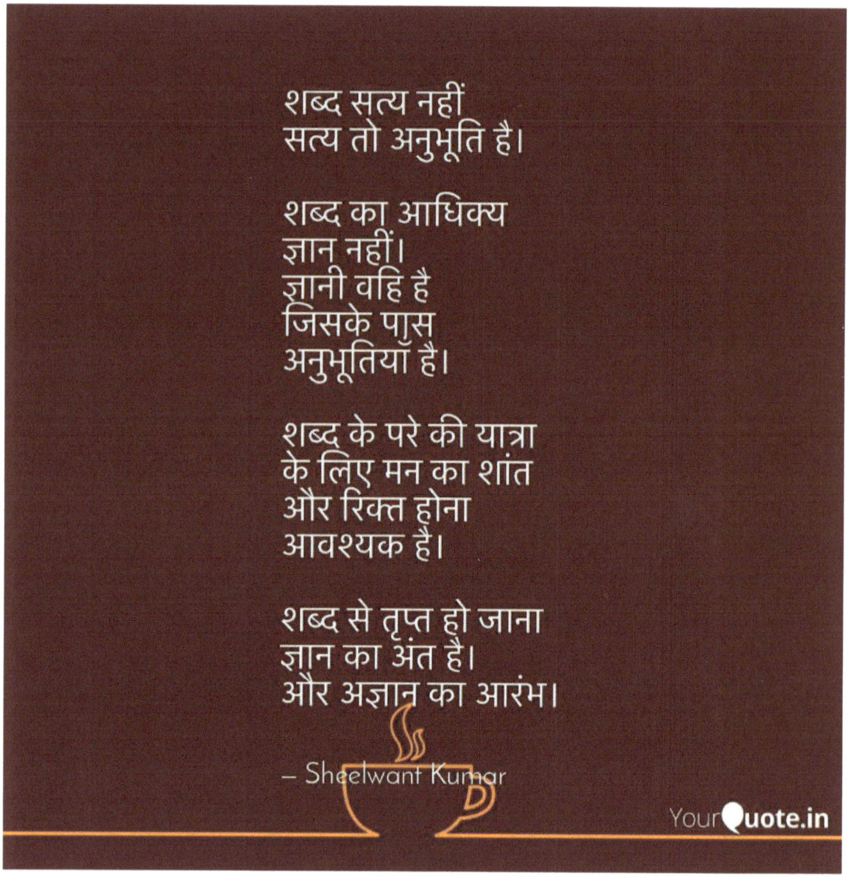

"शब्द सत्य नहीं सत्य तो अनुभूति है। शब्द का आधिक्य ज्ञान नहीं। ज्ञानी वहि है जिसके पास अनुभूतियाँ है। शब्द के परे की यात्रा के लिए मन का शांत और रिक्त होना आवश्यक है। शब्द से तृप्त हो जाना ज्ञान का अंत है। और अज्ञान का आरंभ।"

शब्द

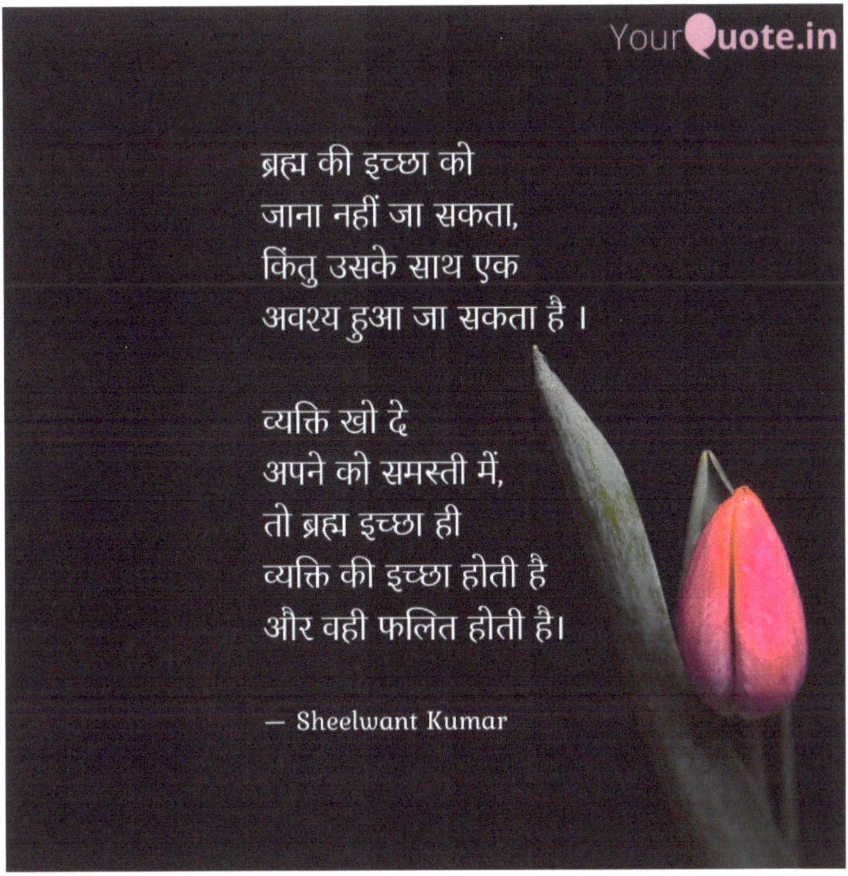

"ब्रह्म की इच्छा को जाना नहीं जा सकता, किंतु उसके साथ एक अवश्य हुआ जा सकता है । व्यक्ति खो दे अपने को समस्ती में, तो ब्रह्म इच्छा ही व्यक्ति की इच्छा होती है और वही फलित होती है।"

ब्रह्मइच्छा

जीवन के बहुत से
अंग रहस्यमयी हैं!

किंतु एक जो स्पष्ट है
वो है स्वतंत्र इच्छा ।

— Sheelwant Kumar

YourQuote.in

"जीवन के बहुत से अंग रहस्यमयी हैं! किंतु एक जो स्पष्ट है वो है स्वतंत्र इच्छा ।"

स्पष्ट

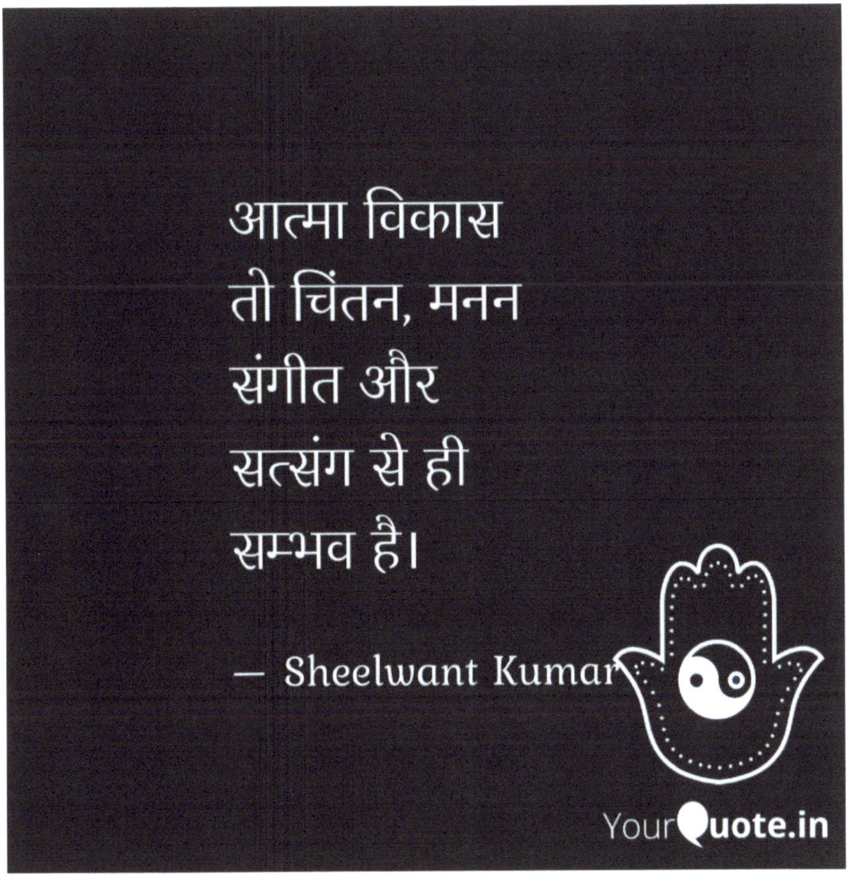

"आत्मा विकास तो चिंतन, मनन संगीत और सत्संग से ही सम्भव है।"

आत्मविकास

"आत्मा का लक्ष सुख की प्राप्ति ही है, परमानंद की प्राप्ति । ये यात्रा तो अनंत के सानिध्य की है, ये यात्रा तो सानिध्य के आनंद की है ।"

यात्रा

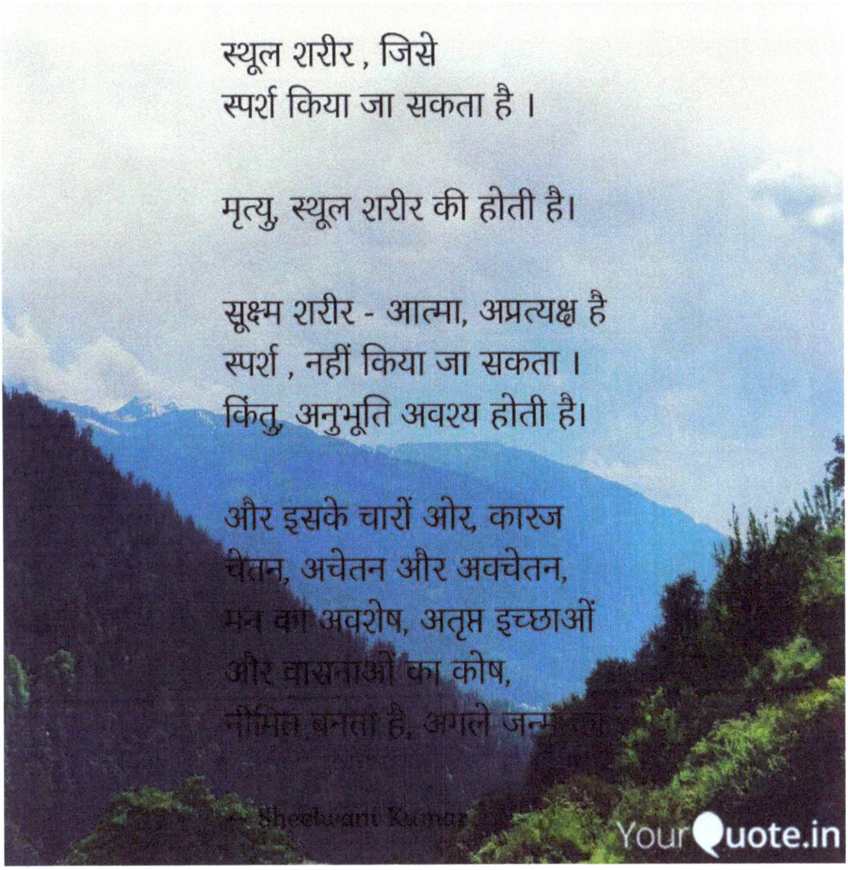

"स्थूल शरीर , जिसे स्पर्श किया जा सकता है । मृत्यु, स्थूल शरीर की होती है। सूक्ष्म शरीर - आत्मा, अप्रत्यक्ष है स्पर्श, नहीं किया जा सकता । किंतु, अनुभूति अवश्य होती है। और इसके चारों ओर, कारज चेतन, अचेतन और अवचेतन, मन का अवशेष, अतृप्त इच्छाओं और वासनाओं का कोष, नीमित बनता है, अगले जन्म का ।"

शरीर

"अत्याचार और अहंकार का अंधकार कितना ही घना क्यूँ ना हो, शुभता और योग का एक लघु दीपक भी हमेशा विजयी होते रहेगा । स्मरण रहे, मन के हारे हार है, और मन के जीते जीत तुम अपने मन से , शुभता और योग को, विस्थापित ना होने देना ।"

मन

"एक मार्ग निर्धारित नहीं है प्रत्येक संतान भिन्न है, प्रत्येक माता पिता भी भिन्न हैं। आवश्यकता है, पोषण की संरक्षण की, उनके शरीर, मन विचार और आत्म सम्मान की। अच्छे आहार, अच्छे विचार अच्छे संस्कार से पोषण करो। उनके प्रति व्यवहार कैसा है माता पिता का , विश्वास है उनपर या नहीं, ये आवश्यक है उनके लिए जानना। फलित होने दो उन्हें, सम्मान दो, स्वतंत्रता दो विश्वास करो उनका । उनके लक्ष प्राप्ति में , बाधा न बनो, उनके आश्रय छोर जाने पर । उनके उन्नति और मंगल की कामना करो ।"

संतान

प्रकाश, ऊर्जा
क्रोध, आवेश, गति,
परिवर्तन, आकांक्षा
उदाहरण हैं रजस के।
जन्म और बालपन
भी रजस हैं ।

अहंकार, अज्ञानता
आलोचना, ईर्ष्या
द्वेष, मृत्यु और वृद्धावस्था
तामसिक गुण के प्रतीक।

पवित्रता, जगत् कल्याण
के प्रति समर्पण, यौवन
परिश्रम, विकास, निरंतरता
सत्य, आत्मविश्वास, उदारता
आध्यात्म ज्ञान में रुचि,
और संसार की सुंदरता,
सत्व गुण के लक्षण हैं।

"प्रकाश, ऊर्जा क्रोध, आवेश, गति, परिवर्तन, आकांक्षा उदाहरण हैं रजस के। जन्म और बालपन भी रजस हैं । अहंकार, अज्ञानता आलोचना, ईर्ष्या द्वेष, मृत्यु और वृद्धावस्था तामसिक गुण के प्रतीक। पवित्रता, जगत् कल्याण के प्रति समर्पण, यौवन परिश्रम, विकास, निरंतरता सत्य, आत्मविश्वास, उदारता आध्यात्म ज्ञान में रुचि, और संसार की सुंदरता, सत्व गुण के लक्षण हैं।"

गुण

"भक्ति में भव्यता नहीं सरलता आवश्यक है । भक्ति का अर्थ है, समर्पण, मन का । इंद्रियों का नियंत्रण, दया, दान, क्षमा. तप, ध्यान और सत्य। यही प्रिय पुष्प हैं ।"

भक्ति

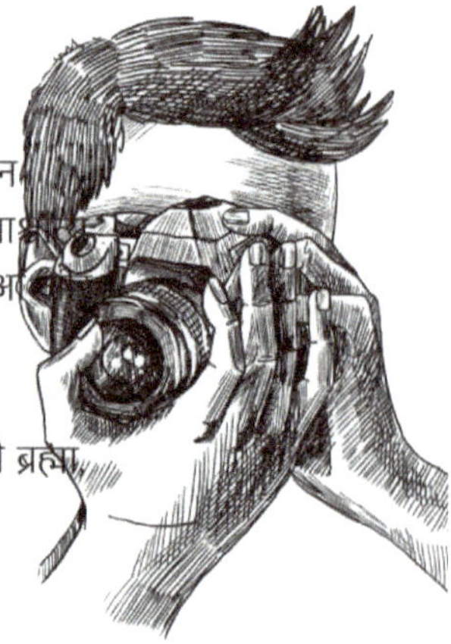

घटना का घटित होते समय, पूर्ण ज्ञान
होना सम्भव नहीं. ये घटित होने के पाश्चात्य
ही समझ आता है, क्यूँ हुआ, कैसे हुआ और
उसका तात्पर्य क्या था?

इसीलिए जीवन का स्रोत होते हुए भी ब्रह्मा,
मृत्यु का सम्पूर्ण ज्ञान रखते है, और
इसलिए मेरा ध्यान करते हैं.

जीवन वहन करते हुए भी जीवन की उत्पत्ति
का अधिक मूल्य नारायण समझते हैं
और इसीलिए ब्रह्मा का ध्यान करते हैं.

मृत्यु के पूर्व व्यतीत जीवन के गूढ़ रहस्य
को मुझसे अधिक कोई नहीं जानता और
इसलिए मैं नारायण का ध्यान करता हूँ.

— Sheelwant Kumar

"घटना का घटित होते समय, पूर्ण ज्ञान होना सम्भव नहीं. ये घटित होने के पाश्चात्य ही समझ आता है, क्यूँ हुआ, कैसे हुआ और उसका तात्पर्य क्या था? इसीलिए जीवन का स्रोत होते हुए भी ब्रह्मा, मृत्यु का सम्पूर्ण ज्ञान रखते है, और इसलिए मेरा ध्यान करते हैं. जीवन वहन करते हुए भी जीवन की उत्पत्ति का अधिक मूल्य नारायण समझते हैं और इसीलिए ब्रह्मा का ध्यान करते हैं. मृत्यु के पूर्व व्यतीत जीवन के गूढ़ रहस्य को मुझसे अधिक कोई नहीं जानता और इसलिए मैं नारायण का ध्यान करता हूँ."

घटना और ध्यान

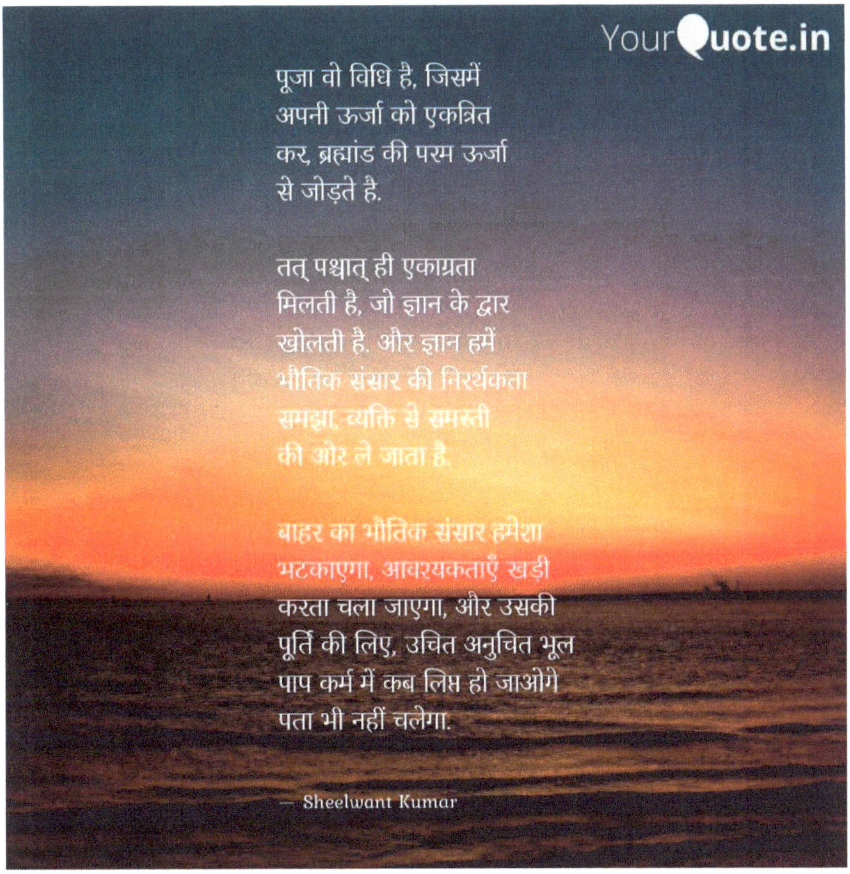

"पूजा वो विधि है, जिसमें अपनी ऊर्जा को एकत्रित कर, ब्रह्मांड की परम ऊर्जा से जोड़ते है. तत् पश्चात् ही एकाग्रता मिलती है, जो ज्ञान के द्वार खोलती है. और ज्ञान हमें भौतिक संसार की निरर्थकता समझा, व्यक्ति से समस्ती की ओर ले जाता है. बाहर का भौतिक संसार हमेशा भटकाएगा, आवश्यकताएँ खड़ी करता चला जाएगा, और उसकी पूर्ति की लिए, उचित अनुचित भूल पाप कर्म में कब लिप्त हो जाओगे पता भी नहीं चलेगा."

पूजा

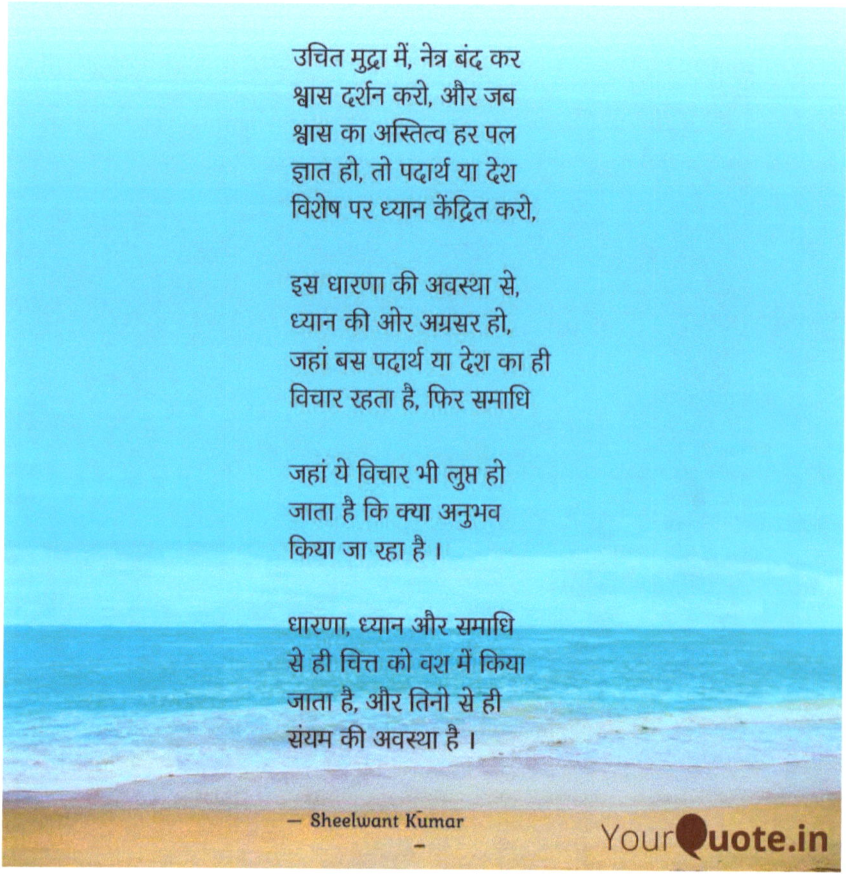

"उचित मुद्रा में, नेत्र बंद कर श्वास दर्शन करो, और जब श्वास का अस्तित्व हर पल ज्ञात हो, तो पदार्थ या देश विशेष पर ध्यान केंद्रित करो, इस धारणा की अवस्था से, ध्यान की ओर अग्रसर हो, जहां बस पदार्थ या देश का ही विचार रहता है, फिर समाधि जहां ये विचार भी लुप्त हो जाता है कि क्या अनुभव किया जा रहा है । धारणा, ध्यान और समाधि से ही चित्त को वश में किया जाता है, और तिनो से ही संयम की अवस्था है ।"

ध्यान और संयम

व्यक्ति जैसा है, वैसा ही अस्तित्व मिलता है.
जो पीड़ा है, कष्ट है, वो निर्णय के फल हैं.
निर्णय बदलेंगे और परिवर्तन
स्वतः प्रत्यक्ष हो जाएगा .

जब तक व्यक्ति अपने कर्म के लिए
दूसरे को उत्तरदायी मानेगा, तब तक
वो सदैव निर्बल रहेगा.

पृथ्वी को नरक बनाने में, बहुत बड़ा योगदान है
जिन्होंने जीवन के प्रति घृणा सिखायी .

अपने दोष, त्रुटियाँ और व्यर्थता जीवन पर
आरोपित करते हैं, लगता है
जीवन ऐसा ही होता है.

ये बोध नहीं है कि उनकी जो प्रवृतियाँ हैं वो
वो कष्ट देने वाली वृतियाँ हैं, स्वीकार नहीं.
ना जानने की स्वीकृति भी,
एक बड़ी विनम्रता है.

मृत्यु मुक्ति नहीं है, सृष्टि ही जीवन है
प्रकाश ही जीवन है.

— Sheelwant Kumar

"व्यक्ति जैसा है, वैसा ही अस्तित्व मिलता है. जो पीड़ा है, कष्ट है, वो निर्णय के फल हैं. निर्णय बदलेंगे और परिवर्तन स्वतः प्रत्यक्ष हो जाएगा . जब तक व्यक्ति अपने कर्म के लिए दूसरे को उत्तरदायी मानेगा, तब तक वो सदैव निर्बल रहेगा. पृथ्वी को नरक बनाने में, बहुत बड़ा योगदान है जिन्होंने जीवन के प्रति घृणा सिखायी . अपने दोष, त्रुटियाँ और व्यर्थता जीवन पर आरोपित करते हैं, लगता है जीवन ऐसा ही होता है. ये बोध नहीं है कि उनकी जो प्रवृतियाँ हैं वो वो कष्ट देने वाली वृतियाँ हैं, स्वीकार नहीं. ना जानने की स्वीकृति भी, एक बड़ी विनम्रता है. मृत्यु मुक्ति नहीं है, सृष्टि ही जीवन है प्रकाश ही जीवन है."

कष्ट

क्या नहुश को प्राप्त नहीं,
किया जा सकता ?

अवश्य प्राप्त कर
सकते हैं .
किंतु जो हम तपस्या
से प्राप्त करते हैं,
वो शुभ होता है.

उसमे प्राप्त सुख
की अनुभूति हि भिन्न है.

"क्या नहुश को प्राप्त नहीं, किया जा सकता ? अवश्य प्राप्त कर सकते हैं . किंतु जो हम तपस्या से प्राप्त करते हैं, वो शुभ होता है. उससे प्राप्त सुख की अनुभूति हि भिन्न है."

प्राप्त

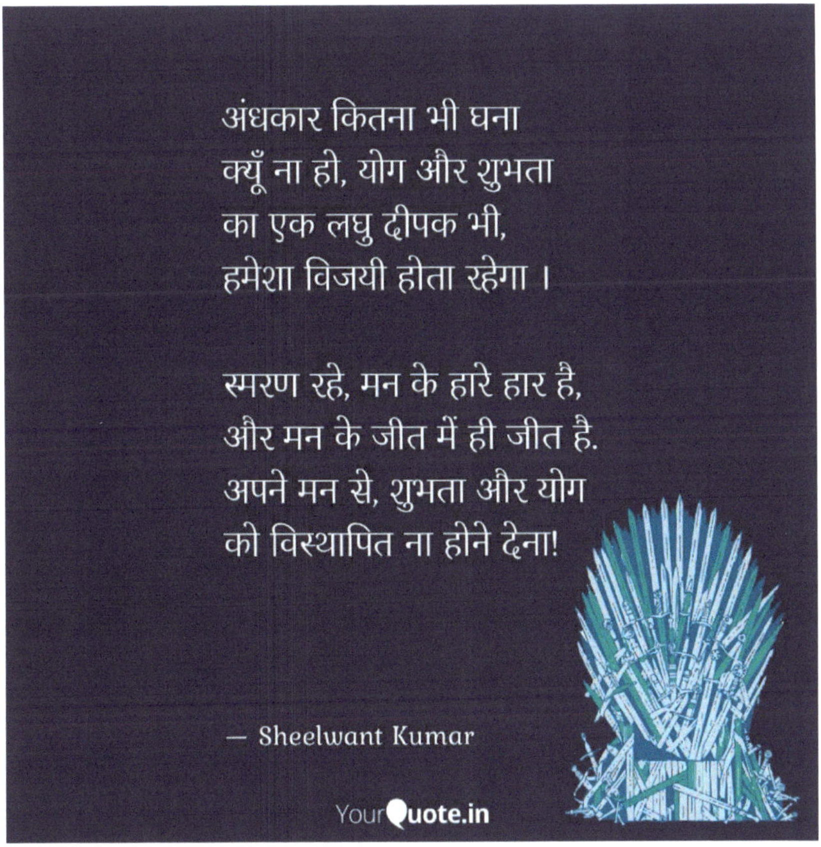

"अंधकार कितना भी घना क्यूँ ना हो, योग और शुभता का एक लघु दीपक भी, हमेशा विजयी होता रहेगा । स्मरण रहे, मन के हारे हार है, और मन के जीत में ही जीत है. अपने मन से, शुभता और योग को विस्थापित ना होने देना!"

शुभता और योग

"स्वतंत्र तो वो नहीं है जो विवाह के विचार से भयभीत हो. वैवाहिक जीवन की अनुभूति, परिवार का सुख, पारिवारिक सुख और सुरक्षा के लिए संघर्ष, व्यक्ति के विकास के लिए आवश्यक है. विवाह एक दूसरे के पूरक होते हैं."

विवाह

"सत्य तो शाश्वत है! सत्य ही सुख और संतोष का आधार है! सत्य जानने के लिए, वन में जाना अनिवार्य नहीं । निजी, पारिवारिक, सामाजिक दायित्वों का परित्याग भी आवश्यक नहीं। सत्य तो सदैव हमारे साथ है। सत्य हमसे नहीं, हम सत्य से दूर होते हैं। क्रोध, भय, अहम, विचार और महत्वकांक्षा जैसे आवरण चढ़ा कर । सुख और संतोष आंतरिक उन्नति है। इसका वस्तु विशेष से कोई सम्बंध नहीं।"

सत्य

"शिक्षा का अर्थ है, व्यक्ति के अंतर्निहित पूर्णता को उजागर करना. समस्त लौकिक और आध्यात्मिक ज्ञान. सदैव व्यक्ति के साथ रहता है. किंतु उस पर, अज्ञानता का आवरण चढ़ा होता है. शिक्षा उसी आवरण को हटाने का काम करती है, जैसे चकमक पत्थर से घर्षण कर अग्नि !"

शिक्षा

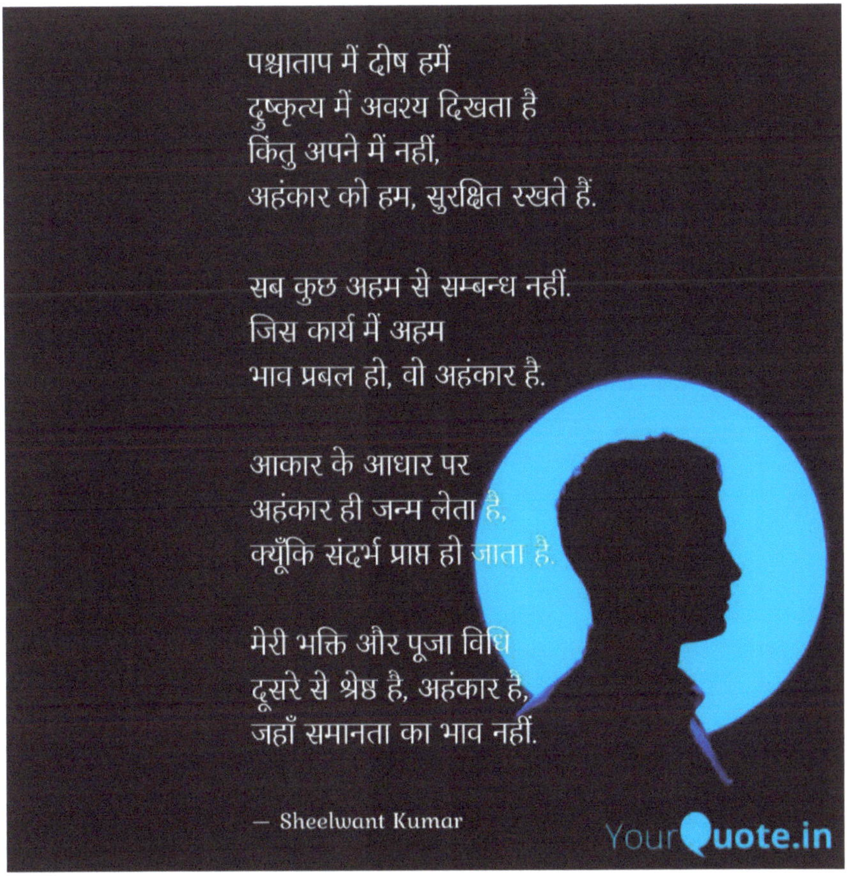

"पश्चाताप में दोष हमें दुष्कृत्य में अवश्य दिखता है किंतु अपने में नहीं, अहंकार को हम, सुरक्षित रखते हैं. सब कुछ अहम से सम्बन्ध नहीं. जिस कार्य में अहम भाव प्रबल हो, वो अहंकार है. आकार के आधार पर अहंकार ही जन्म लेता है, क्यूँकि संदर्भ प्राप्त हो जाता है. मेरी भक्ति और पूजा विधि दूसरे से श्रेष्ठ है, अहंकार है, जहाँ समानता का भाव नहीं."

अहंकार

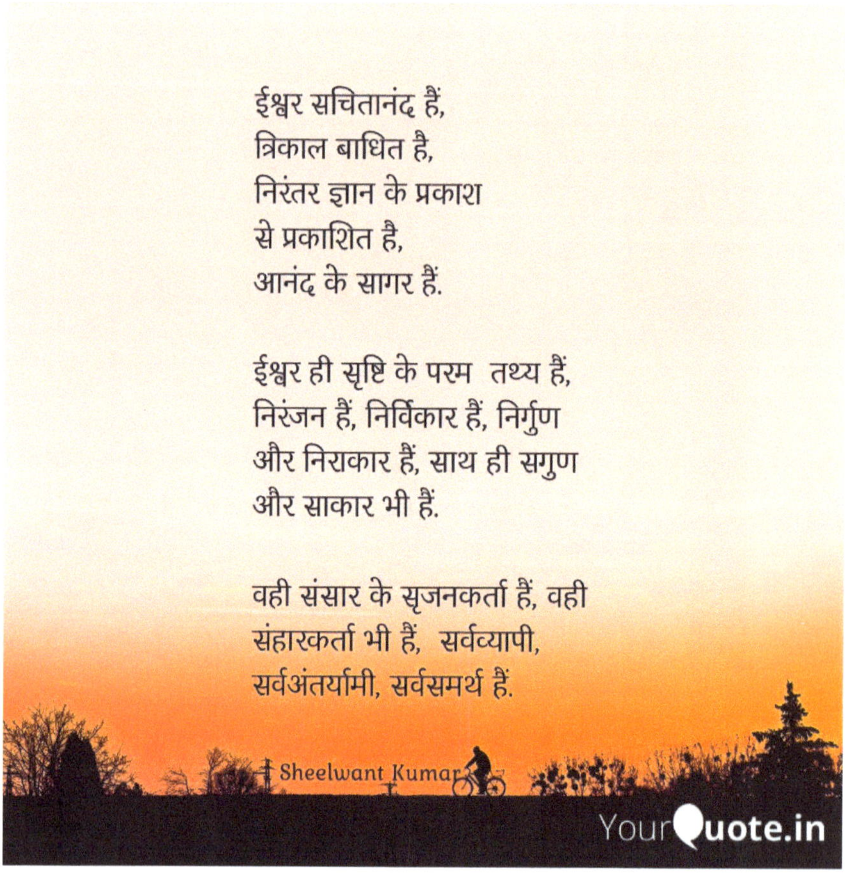

"ईश्वर सचितानंद हैं, त्रिकाल बाधित है, निरंतर ज्ञान के प्रकाश से प्रकाशित है, आनंद के सागर हैं. ईश्वर ही सृष्टि के परम तथ्य हैं, निरंजन हैं, निर्विकार हैं, निर्गुण और निराकार हैं, साथ ही सगुण और साकार भी हैं. वही संसार के सृजनकर्ता हैं, वही संहारकर्ता भी हैं, सर्वव्यापी, सर्वअंतर्यामी, सर्वसमर्थ हैं."

ईश्वर

"मेरी सच्ची उपासना है, संसार से दीनता, भूख और हिंसा को दूर करना । समाज में शांति और अहिंसा स्थापित करना । निर्बलों की सहायता और सत्कार करना। यदि भाव है मेरे जैसे हो जाने का, तो वो सच्ची उपासना है। भाव है मेरे लोक, मेरे समीप आने का तो, सच्ची उपासना है। तुम स्मरण करो, मैं सुनता हूँ तुम पुकारो, मैं आता हूँ, कुछ नहीं चाहिए मुझे !"

उपासना

"भक्ति में आवश्यक है, मन का समर्पण । क्या पूजा, साधनों पर आश्रित है सामग्री पर आश्रित है ,विधि पर आश्रित है या भक्त के, भाव और उनके विचारों पर ? पूजा करते समय, यदि स्मरण रहे कितनी श्रद्धा, कितने समर्पण और और कितनी भव्यता से पूजा कर रहा है, तो वो पूजा नहीं ! ये विचार रहे कि , पूजा करने का पर्याप्त साधन नहीं, तो वो पूजा भी सच्ची नहीं ! पूजा करते समय, आराध्य के अतिरिक्त कोई विचार न हो, कोई संकोच न हो। भक्त को ये अनुभूति हो कि, वो आराध्य से पृथक नहीं , और आराध्य उससे पृथक नहीं !"

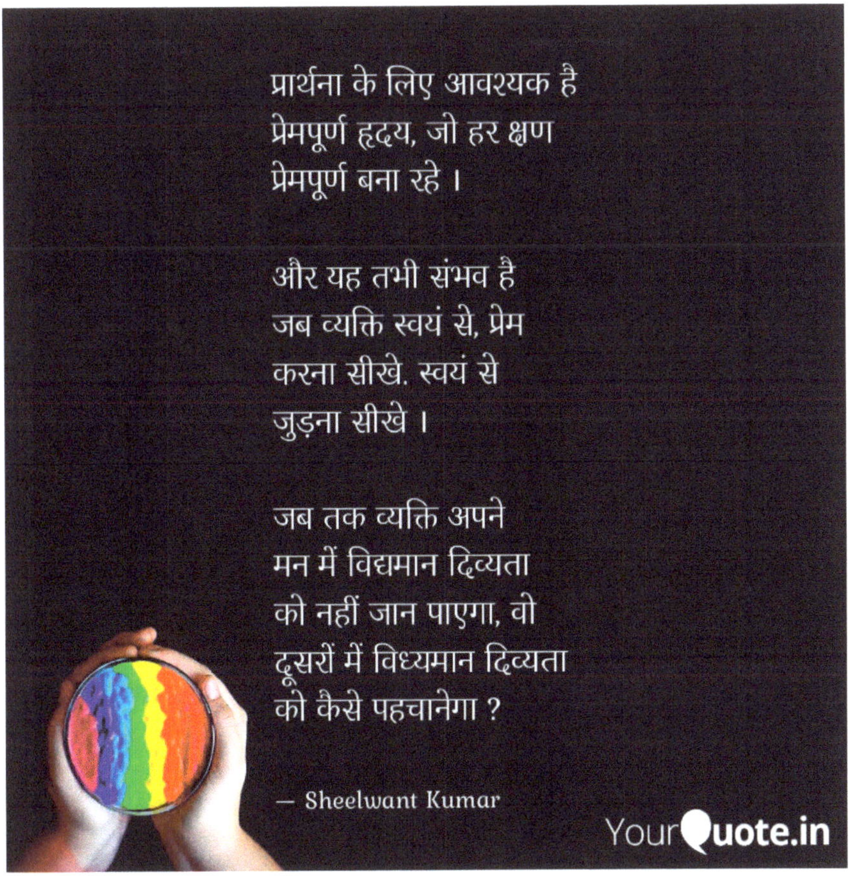

"प्रार्थना के लिए आवश्यक है प्रेमपूर्ण हृदय, जो हर क्षण प्रेमपूर्ण बना रहे । और यह तभी संभव है जब व्यक्ति स्वयं से, प्रेम करना सीखे. स्वयं से जुड़ना सीखे । जब तक व्यक्ति अपने मन में विद्यमान दिव्यता को नहीं जान पाएगा, वो दूसरों में विध्यमान दिव्यता को कैसे पहचानेगा ?"

प्रार्थना

"जीवन के कई अंश, रहस्यमयी है। किंतु एक तथ्य स्पष्ट है, स्वेच्छा । जिसका अधिकार सबको है। किसी भी परिस्थिति में, हमारी क्या प्रतिक्रिया हो, ये व्यक्तिगत चुनाव है । एक व्यक्ति का चुनाव जहाँ, प्रेम, शांति, पूर्ति की ओर ले जा सा सकता है, वहीं किसी और का चुनाव, घृणा, विवाद, अशांति और विनाश की ओर । यदि हम अपने अपेक्षा पर , नियंत्रण करें और दूसरे के सुख से अपने सुख की तुलना ना करें, तो हम किसी भी परिस्थिति में, सुखी रह सकते हैं। संसार का सबसे शक्तिशाली, अस्त्र है, प्रेम, धैर्य, करुणा और क्षमा । किंतु जब कोई विकल्प शेष ना हो तो अत्याचार का अंत करने के लिए, युद्ध स्वीकार होता है ।"

स्वेच्छा

"प्रेम अकारण है, तभी तो प्रेम निस्वार्थ है, पवित्र है । और यदि प्रेम का कभी कोई कारण हुआ भी तो, क्या कारण के ना होने से प्रेम का समाप्त हो जाना भी, स्वाभाविक नहीं? वो प्रेम नहीं है । प्रेम तो शाश्वत है, अविनाशी है। अनवरुध , निर्गुण, निर्मल, निश्छल। प्रेम ही परम ज्ञान है। जो ज्ञान प्रेम से विमुख हो, वो अज्ञान है। संसार के प्रत्येक सम्बन्ध को सुदृढ़ और मधुर बनाने का आधार, प्रेम ही है।"

प्रेम का कारण

"प्रेम का पर्याय है, विश्वास और जिस पर आपको विश्वास है, उससे आप स्वतंत्रता कैसे छीन सकते? आपको उसके स्वतंत्र इच्छाओं पर भी विश्वास होना चाहिए । नियंत्रण, वर्चस्व, पूर्ण अधिकार और नियम बद्‌ध्हता प्रेम के नहीं अपितु प्रेम के अभाव के लक्षण हैं प्रेम में कुछ आवश्यक ही नहीं ।"

प्रेम का पर्याय

"आसक्ति, स्वाभाविक नहीं? किंतु दुःख का मूल कारण आसक्ति ही है। आसक्ति मन की शांति छीन लेती है, बुद्धि को स्थिर नहीं रहने देती, चंचल बना देती है । आसक्ति से प्रमाद की उत्पत्ति होती है । प्रमाद, एक मद है और मद अहंकार का स्रोत, जो अशुभता में परिवर्तित हो जाती है । अर्थात् आसक्ति अशुभता की जननी है । इसीलिए अनावश्यक है ।"

आसक्ति

"आसक्ति से मुक्त होना ही अनासक्ति है, इसके लिए अपने और पराए का भेद मिटाना अनिवार्य है । और यह तभी संभव है जब हम सुख की खोज बाहर नहीं अपने भीतर करें, हम यथार्थ को पहचाने, उसे स्वीकार करें । सुख को जब तक सांसारिक तत्वों से परिभाषित करेंगे , हम बंधते जाएँगे । जब हम अपने अंदर झांकना आरम्भ करेंगे, तभी हमारा मार्ग प्रसस्थ होगा ।"

अनासक्ति

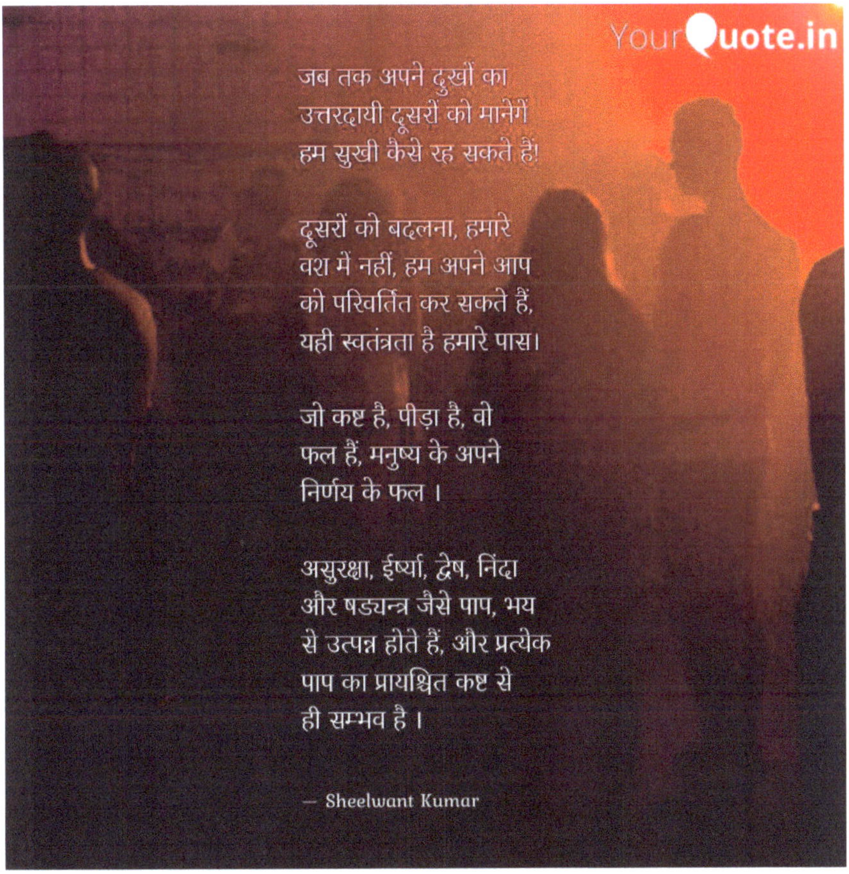

"जब तक अपने दुखों का उत्तरदायी दूसरों को मानेगें हम सुखी कैसे रह सकते हैं! दूसरों को बदलना, हमारे वश में नहीं, हम अपने आप को परिवर्तित कर सकते हैं, यही स्वतंत्रता है हमारे पास। जो कष्ट है, पीड़ा है, वो फल हैं, मनुष्य के अपने निर्णय के फल । असुरक्षा, ईर्ष्या, द्वेष, निंदा और षड्यन्त्र जैसे पाप, भय से उत्पन्न होते हैं, और प्रत्येक पाप का प्रायश्चित कष्ट से ही सम्भव है ।"

दुःख

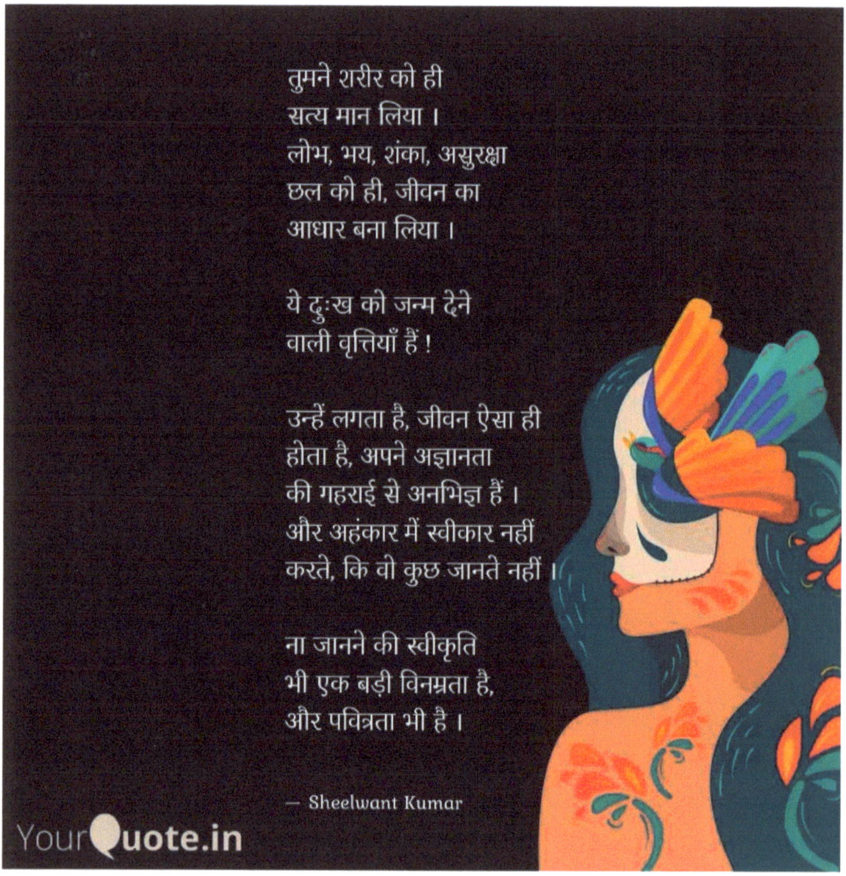

"तुमने शरीर को ही सत्य मान लिया । लोभ, भय, शंका, असुरक्षा छल को ही, जीवन का आधार बना लिया । ये दुःख को जन्म देने वाली वृत्तियाँ हैं ! उन्हें लगता है, जीवन ऐसा ही होता है, अपने अज्ञानता की गहराई से अनभिज्ञ हैं । और अहंकार में स्वीकार नहीं करते, कि वो कुछ जानते नहीं । ना जानने की स्वीकृति भी एक बड़ी विनम्रता है, और पवित्रता भी है ।"

दुःख की वृत्तियाँ

"किसी का पतन, दूसरे के उत्थान का आधार नहीं हो सकता है । उत्थान आंतरिक है, व्यक्तिगत है और जब प्रत्येक व्यक्ति उत्थान के लिए, प्रयत्नशील रहे, तो समाज में परिवर्तन सम्भव है।"

उत्थान

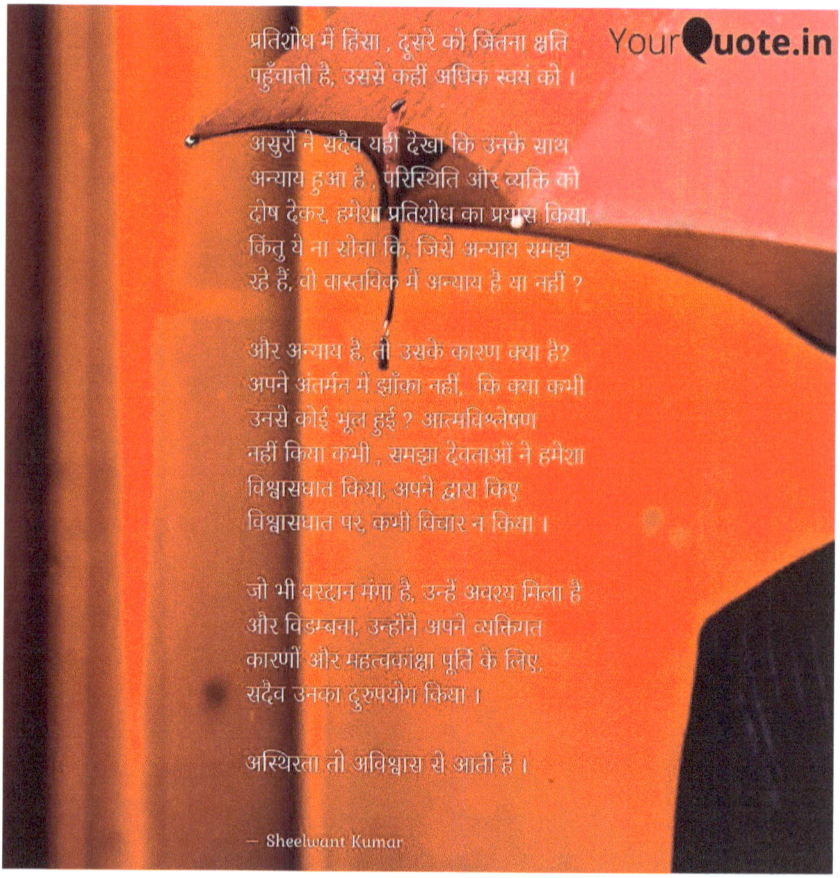

"प्रतिशोध में हिंसा , दूसरे को जितना क्षति पहुँचाती है, उससे कहीं अधिक स्वयं को । असुरों ने सदैव यही देखा कि उनके साथ अन्याय हुआ है , परिस्थिति और व्यक्ति को दोष देकर, हमेशा प्रतिशोध का प्रयास किया, किंतु ये ना सोचा कि, जिसे अन्याय समझ रहे हैं, वो वास्तविक में अन्याय है या नहीं ? और अन्याय है, तो उसके कारण क्या है? अपने अंतर्मन में झाँका नहीं, कि क्या कभी उनसे कोई भूल हुई ? आत्मविश्लेषण नहीं किया कभी , समझा देवताओं ने हमेशा विश्वासघात किया, अपने द्वारा किए विश्वासघात पर, कभी विचार न किया । जो भी वरदान मंगा है, उन्हें अवश्य मिला है और विडम्बना, उन्होंने अपने व्यक्तिगत कारणों और महत्वकांक्षा पूर्ति के लिए, सदैव उनका दुरुपयोग किया ।अस्थिरता तो अविश्वास से आती है ।"

असुर

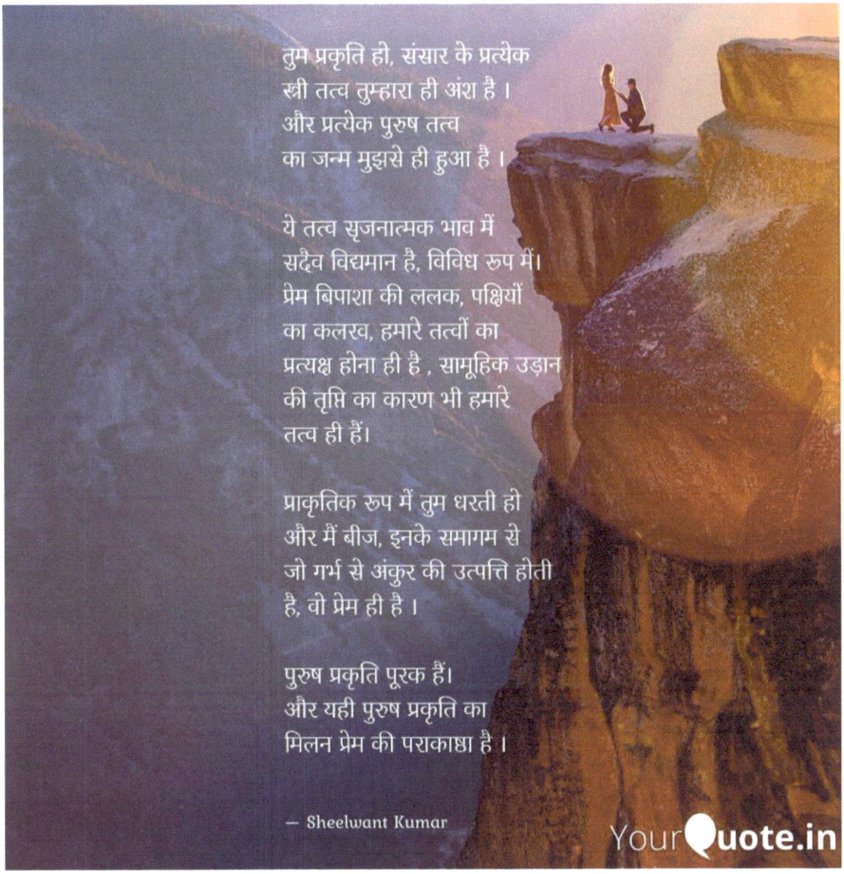

"तुम प्रकृति हो, संसार के प्रत्येक स्त्री तत्व तुम्हारा ही अंश है । और प्रत्येक पुरुष तत्व का जन्म मुझसे ही हुआ है । ये तत्व सृजनात्मक भाव में सदैव विद्यमान है, विविध रूप में। प्रेम बिपाशा की ललक, पक्षियों का कलरव, हमारे तत्वों का प्रत्यक्ष होना ही है, सामूहिक उड़ान की तृप्ति का कारण भी हमारे तत्व ही हैं। प्राकृतिक रूप में तुम धरती हो और मैं बीज, इनके समागम से जो गर्भ से अंकुर की उत्पत्ति होती है, वो प्रेम ही है । पुरुष प्रकृति पूरक हैं। और यही पुरुष प्रकृति का मिलन प्रेम की पराकाष्ठा है ।"

पुरुष प्रकृति

"विश्वास और भ्रम के बीच की रेखा अत्यंत महीन है, असंख्य व्यक्ति ये अंतर नहीं समझ पाते कि उनका विश्वास, विश्वास है या भ्रम ? पुरुष प्रकृति एक है। कभी, पृथक नहीं हो सकते। शक्ति, शिव के बिना अधूरी है, और शिव, शक्ति के बिना शव के समान है, शिव शक्ति , पुरुष प्रकृति का असंतुलन सदैव अनर्थकारी सिद्ध होगा। शरीर में स्त्री तत्व की ऊर्जा नहीं तो शरीर निर्जीव है ।"

विश्वास और भ्रम

संतान परमात्मा का ही अंश है, पुत्र
और पुत्री में भेद करना, उचित नहीं।

कन्या जीवनदायनी है, जननी है।
वो सत्कार के योग्य है, उसका सम्मान
करना, प्रत्येक व्यक्ति का धर्म है ।

विवाह पश्चात कन्या दो कुलों को जोड़ती है,
परिवार स्थापना में कन्या की भूमिका का
महत्व, पुरुष से कहीं अधिक है ।
परिवार से परिवार जुड़ने से समाज बनता है ।
परिवार और समाज में पुत्री का स्थान और
अधिकार वही होना चाहिए, जो एक पुत्र का है ।

जो समाज पुत्री के महत्व को समझेगा
वो सदैव समृद्ध और सुखी रहेगा ।
और जो समाज उसे बोझ समझेगा,
अभिशाप समझेगा, अपमान करेगा,
उस समाज का पतन निश्चित है,
कोई भी पुण्य उस समाज की
सुरक्षा नहीं कर सकता ।

— Sheelwant Kumar

"संतान परमात्मा का ही अंश है, पुत्र और पुत्री में भेद करना, उचित नहीं। कन्या जीवनदायनी है, जननी है। वो सत्कार के योग्य है, उसका सम्मान करना, प्रत्येक व्यक्ति का धर्म है । विवाह पश्चात कन्या दो कुलों को जोड़ती है, परिवार स्थापना में कन्या की भूमिका का महत्व, पुरुष से कहीं अधिक है । परिवार से परिवार जुड़ने से समाज बनता है । परिवार और समाज में पुत्री का स्थान और अधिकार वही होना चाहिए, जो एक पुत्र का है । जो समाज पुत्री के महत्व को समझेगा वो सदैव समृद्ध और सुखी रहेगा । और जो समाज उसे बोझ समझेगा, अभिशाप समझेगा, अपमान करेगा, उस समाज का पतन निश्चित है, कोई भी पुण्य उस समाज की सुरक्षा नहीं कर सकता ।"

कन्या

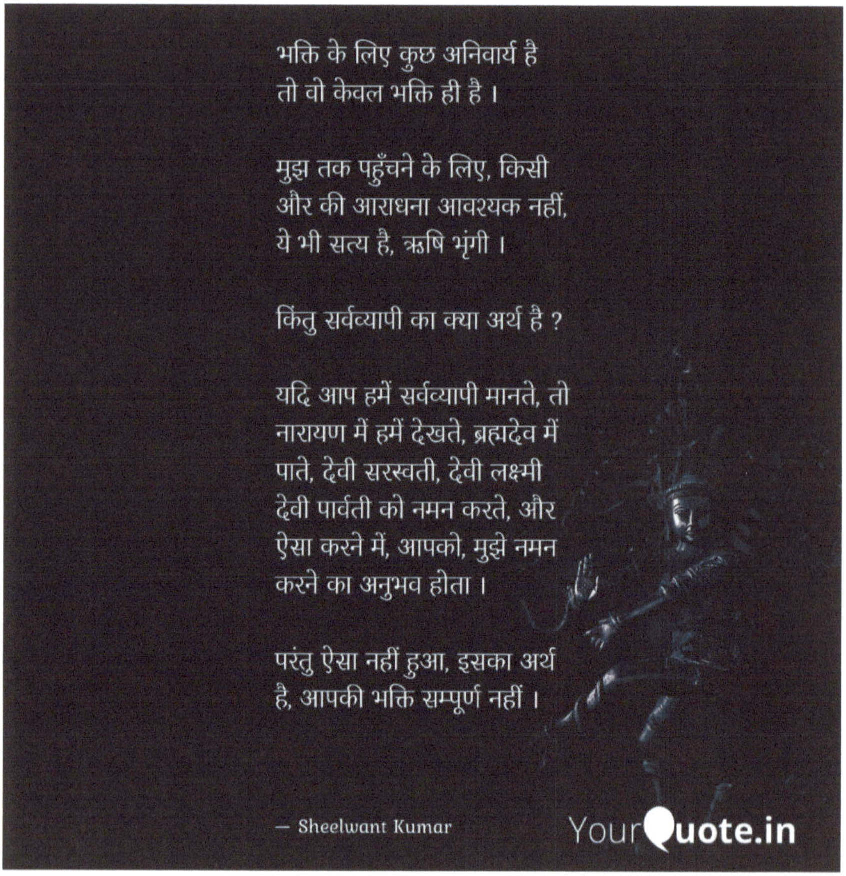

"भक्ति के लिए कुछ अनिवार्य है तो वो केवल भक्ति ही है । मुझ तक पहुँचने के लिए, किसी और की आराधना आवश्यक नहीं, ये भी सत्य है, ऋषि भृंगी । किंतु सर्वव्यापी का क्या अर्थ है ? यदि आप हमें सर्वव्यापी मानते, तो नारायण में हमें देखते, ब्रह्मदेव में पाते, देवी सरस्वती, देवी लक्ष्मी देवी पार्वती को नमन करते, और ऐसा करने में, आपको, मुझे नमन करने का अनुभव होता । परंतु ऐसा नहीं हुआ, इसका अर्थ है, आपकी भक्ति सम्पूर्ण नहीं ।"

सम्पूर्ण भक्ति

"समय के प्रारम्भ में, परब्रह्म के दो भाग हुए, पुरुष और प्रकृति । पुरुष ने अपने आप को तीन भागों में विभाजित किया सृजनकर्ता ब्रह्मा, वहनकर्ता विष्णु, और विलीनकर्ता मैं । ईन तीन तत्वों को शक्ति प्रदान करने हेतु, प्रकृति ने स्वयं को तीन हिस्सों में विभाजित किया, लक्ष्मी, सरस्वती तथा शिवा, और इन तीन शक्तियों के तीन रूप, सृजन, वहन और हनन का कार्यभार सम्भालते है। प्रकृति के ये नौ रूप ही नौदुर्ग़ा हैं!"

नौदुर्ग़ा

"भक्ति ही मुक्ति का मार्ग है। किंतु भक्ति में परिवर्तन क्यूँ? संदेह क्यूँ? क्यूँकि तुम्हारी भक्ति सदैव कुछ ना कुछ पाने की लालसा पर आधारित है। ये भक्ति, प्रेम नहीं है, प्रेम माँगता नहीं है, देता है, बिना किसी प्रतिबंध के, और वही प्रेम को परिपूर्ण भी करता है।"

भक्ति

"मुक्ति की आवश्यकता, अर्थात् पराधीनता ? पराधीनता अवश्य है, कर्मों की पराधीनता अपने अनंत इच्छाओं की, पराधीनता पुण्य की पराधीनता, पाप की पराधीनता जन्म और मृत्यु की पराधीनता, मोह और माया की पराधीनता । प्रश्न ये नहीं कि हम आश्रित क्यूँ हैं? जन्म के लिए भी, माता-पिता आवश्यक हैं, जो समझना है, वो ये कि संसार में जो कुछ है, उसकी अपनी महत्ता है और उन सभी के समन्वय से, संसार निरंतर चलता जा रहा है । मनसा, तुम इस समन्वय को अवश्य अस्वीकार कर सकती हो, किंतु उससे सत्य परिवर्तित नहीं होगा, सत्य तो शाश्वत है, सत्य ही संसार में सुख और संतुष्टि का माध्यम है।"

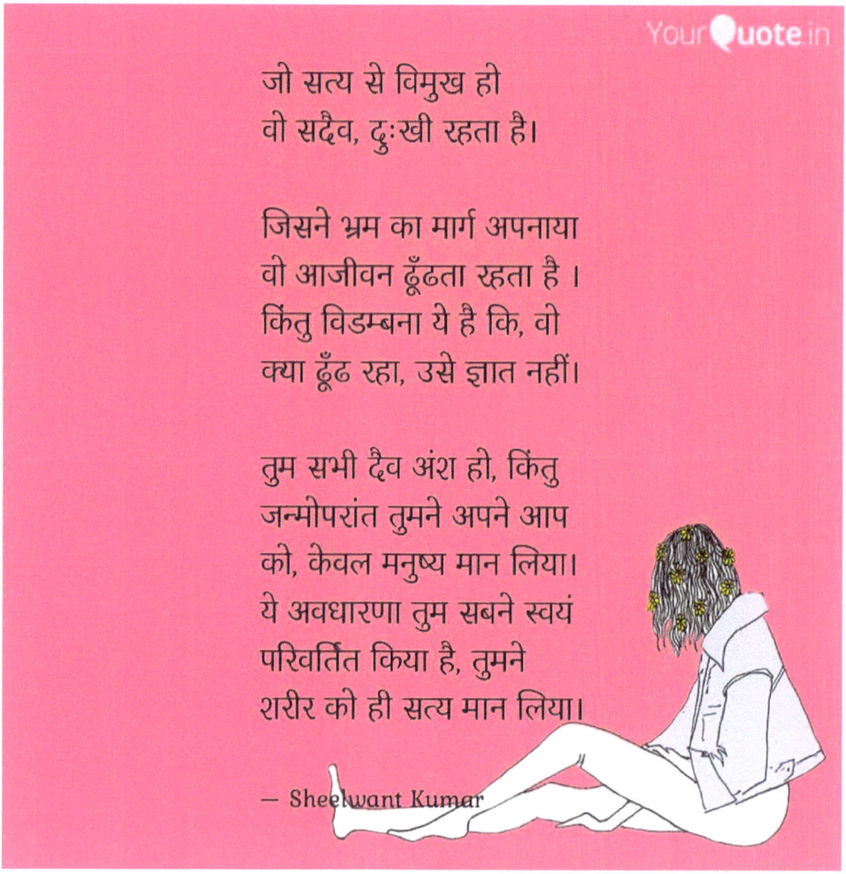

"जो सत्य से विमुख हो वो सदैव, दुःखी रहता है। जिसने भ्रम का मार्ग अपनाया वो आजीवन ढूँढता रहता है । किंतु विडम्बना ये है कि, वो क्या ढूँढ रहा, उसे ज्ञात नहीं। तुम सभी दैव अंश हो, किंतु जन्मोपरांत तुमने अपने आप को, केवल मनुष्य मान लिया। ये अवधारणा तुम सबने स्वयं परिवर्तित किया है, तुमने शरीर को ही सत्य मान लिया।"

सत्य और दुःख

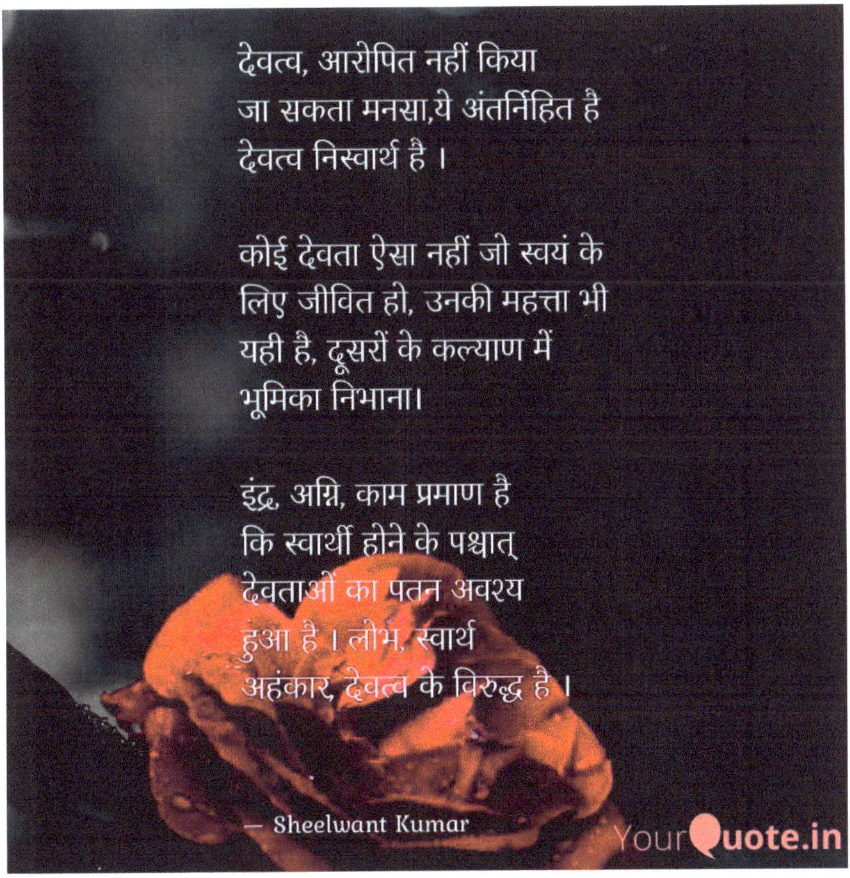

"देवत्व, आरोपित नहीं किया जा सकता मनसा,ये अंतर्निहित है देवत्व निस्वार्थ है । कोई देवता ऐसा नहीं जो स्वयं के लिए जीवित हो, उनकी महत्ता भी यही है, दूसरों के कल्याण में भूमिका निभाना। इंद्र, अग्नि, काम प्रमाण है कि स्वार्थी होने के पश्चात् देवताओं का पतन अवश्य हुआ है । लोभ, स्वार्थ अहंकार, देवत्व के विरुद्ध है ।"

देवत्व

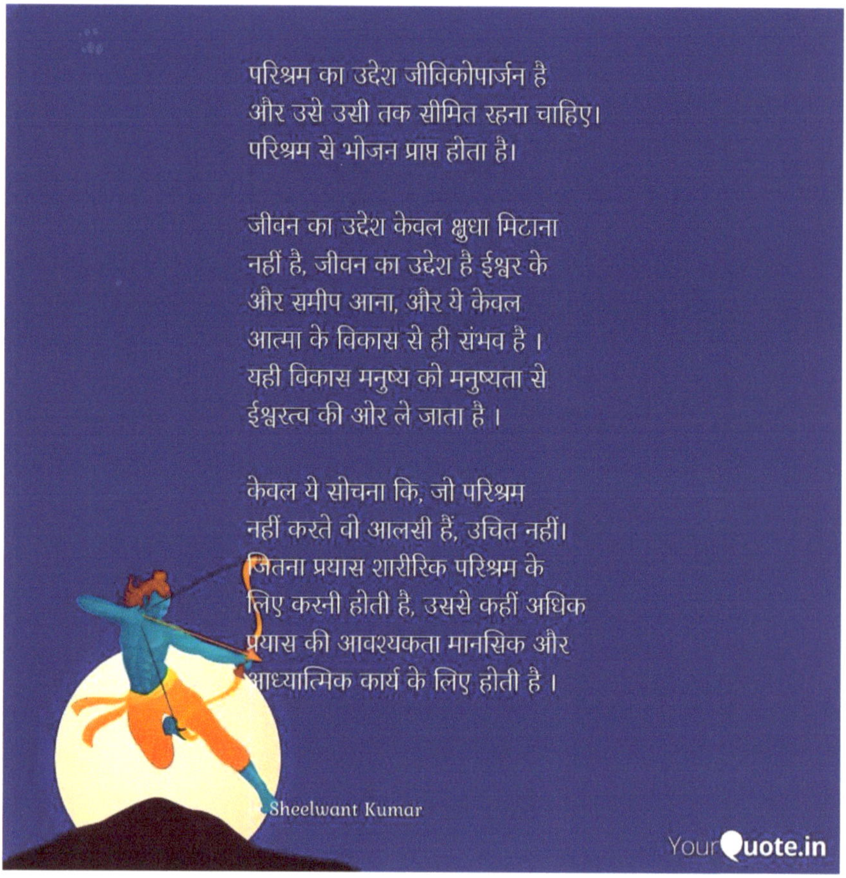

"परिश्रम का उद्देश जीविकोपार्जन है और उसे उसी तक सीमित रहना चाहिए। परिश्रम से भोजन प्राप्त होता है। जीवन का उद्देश केवल क्षुधा मिटाना नहीं है, जीवन का उद्देश है ईश्वर के और समीप आना, और ये केवल आत्मा के विकास से ही संभव है । यही विकास मनुष्य को मनुष्यता से ईश्वरत्व की ओर ले जाता है । केवल ये सोचना कि, जो परिश्रम नहीं करते वो आलसी हैं, उचित नहीं। जितना प्रयास शारीरिक परिश्रम के लिए करनी होती है, उससे कहीं अधिक प्रयास की आवश्यकता मानसिक और आध्यात्मिक कार्य के लिए होती है ।"

परिश्रम

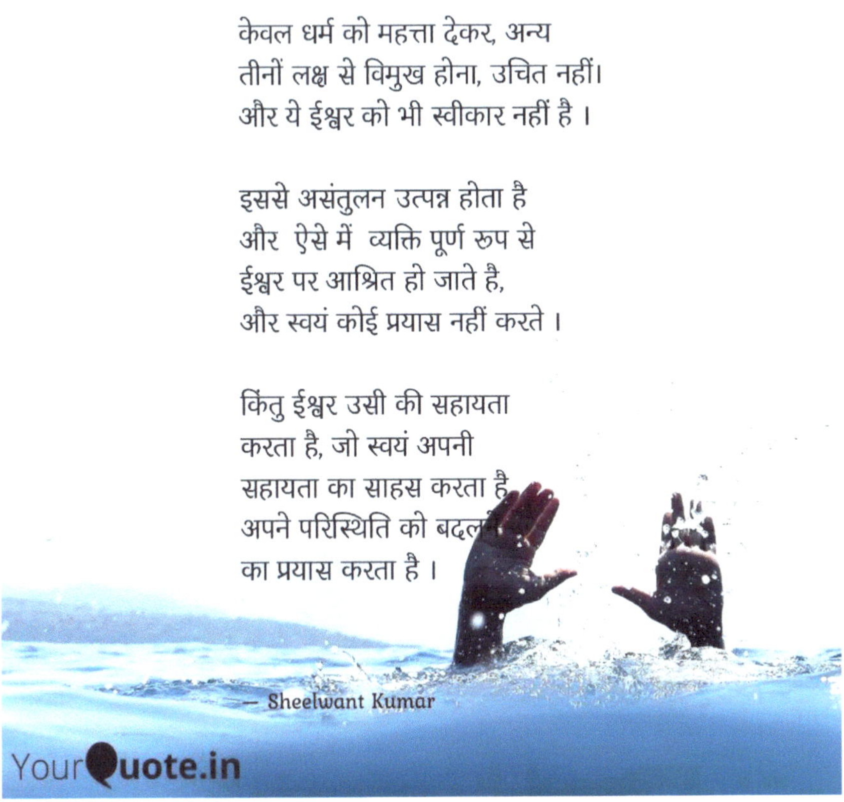

"केवल धर्म को महत्ता देकर, अन्य तीनों लक्ष से विमुख होना, उचित नहीं। और ये ईश्वर को भी स्वीकार नहीं है । इससे असंतुलन उत्पन्न होता है और ऐसे में व्यक्ति पूर्ण रूप से ईश्वर पर आश्रित हो जाते है, और स्वयं कोई प्रयास नहीं करते । किंतु ईश्वर उसी की सहायता करता है, जो स्वयं अपनी सहायता का साहस करता है, अपने परिस्थिति को बदलने का प्रयास करता है ।"

ईश्वरीय सहायता

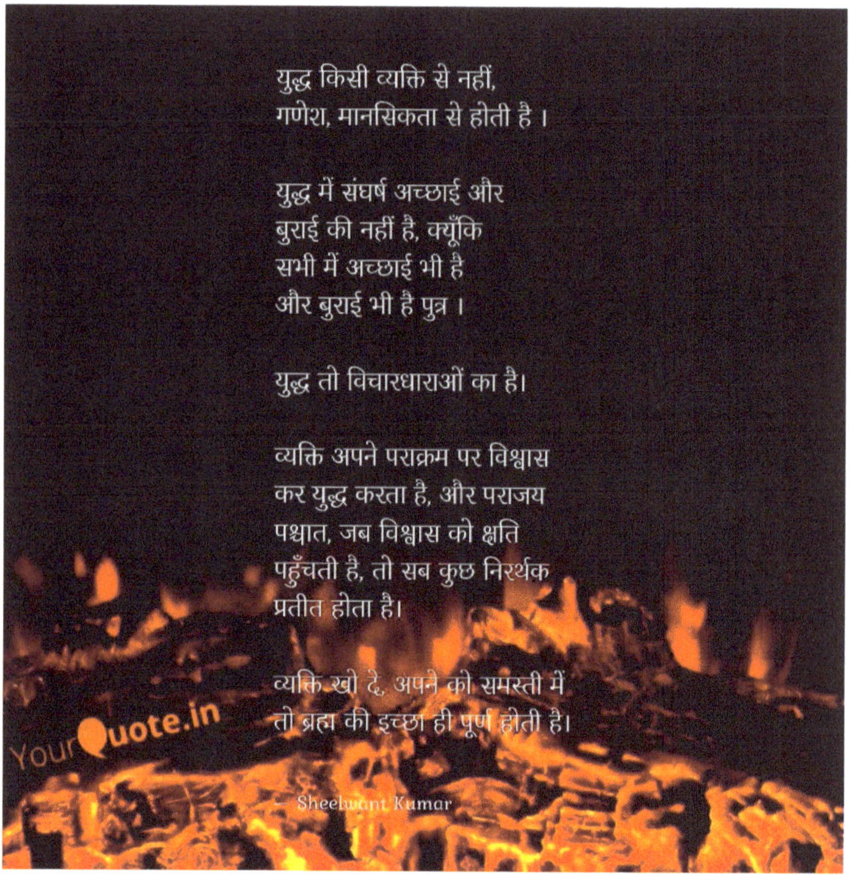

"युद्ध किसी व्यक्ति से नहीं, गणेश, मानसिकता से होती है । युद्ध में संघर्ष अच्छाई और बुराई की नहीं है, क्यूँकि सभी में अच्छाई भी है और बुराई भी है पुत्र । युद्ध तो विचारधाराओं का है। व्यक्ति अपने पराक्रम पर विश्वास कर युद्ध करता है, और पराजय पश्चात, जब विश्वास को क्षति पहुँचती है, तो सब कुछ निरर्थक प्रतीत होता है। व्यक्ति खो दे, अपने को समस्ती में तो ब्रह्म की इच्छा ही पूर्ण होती है।"

युद्ध

गृहस्थी का संतुलन, पति
व पत्नी दोनो पे आश्रित है ।
यदि दोनो में तालमेल बना रहे,
तो कठिन से कठिन परिस्थिति
भी सुंदर स्मृतियों का आधार
बन जाता है ।

जीवन की प्रत्येक चुनौती सम्बन्ध
को स्थायित्व प्रदान करती है ।

किंतु ये तालमेल तभी सम्भव है,
जब पति पत्नी एक दूसरे के प्रति
समर्पित रहें, एक दूसरे का आदर करें,
एक दूसरे की इच्छा का सम्मान करें।

— Sheelwant Kumar

YourQuote.in

"गृहस्थी का संतुलन, पति व पत्नी दोनो पे आश्रित है । यदि दोनो में तालमेल बना रहे, तो कठिन से कठिन परिस्थिति भी सुंदर स्मृतियों का आधार बन जाता है । जीवन की प्रत्येक चुनौती सम्बन्ध को स्थायित्व प्रदान करती है । किंतु ये तालमेल तभी सम्भव है, जब पति पत्नी एक दूसरे के प्रति समर्पित रहें, एक दूसरे का आदर करें, एक दूसरे की इच्छा का सम्मान करें।"

तालमेल

विवाह प्रवृति धर्म का
प्रतीक है, और वैराग
निवृत्ति धर्म का, फिर
एक दूसरे के पूरक
कैसे हो सकते है ?

सबके साथ रहते हुए भी
किसी का मोह न करना
विवाह के नियमों का पालन
करना, किंतु माया में न उलझना
अहम भाव को दूर रखते हुए
अपने धर्म की पूर्ति करना
ये वैराग के ही रूप हैं ।

— Sheelwant Kumar

YourQuote.in

"विवाह प्रवृति धर्म का प्रतीक है, और वैराग निवृत्ति धर्म का, फिर एक दूसरे के पूरक कैसे हो सकते है ? सबके साथ रहते हुए भी किसी का मोह न करना विवाह के नियमों का पालन करना, किंतु माया में न उलझना अहम भाव को दूर रखते हुए अपने धर्म की पूर्ति करना ये वैराग के ही रूप हैं ।"

विवाह और वैराग

"एक सम्बन्ध की सफलता वो है, जब शब्दों की आवश्यकता ही समाप्त हो जाए । केवल आभास रहे, विश्वास रहे, जागरूकता रहे, संतोष रहे, बिना कहे ही दोनो एक दूसरे की बात समझ जाए ।"

सम्बन्ध

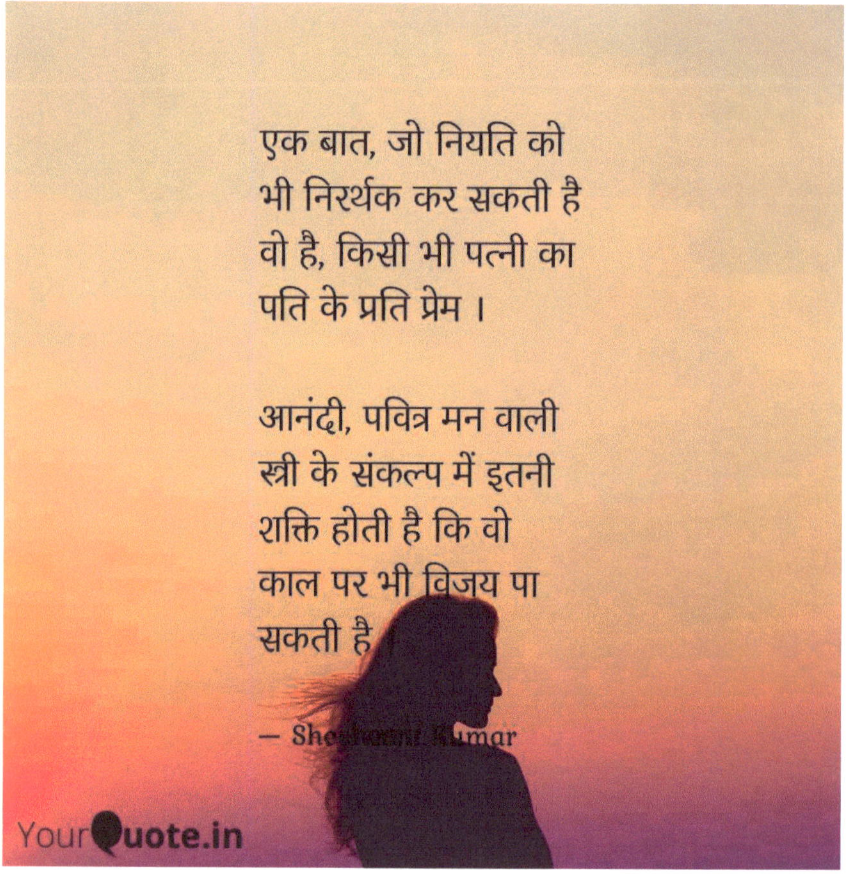

"एक बात, जो नियति को भी निरर्थक कर सकती है वो है, किसी भी पत्नी का पति के प्रति प्रेम । आनंदी, पवित्र मन वाली स्त्री के संकल्प में इतनी शक्ति होती है कि वो काल पर भी विजय पा सकती है ।"

नियति निरर्थक

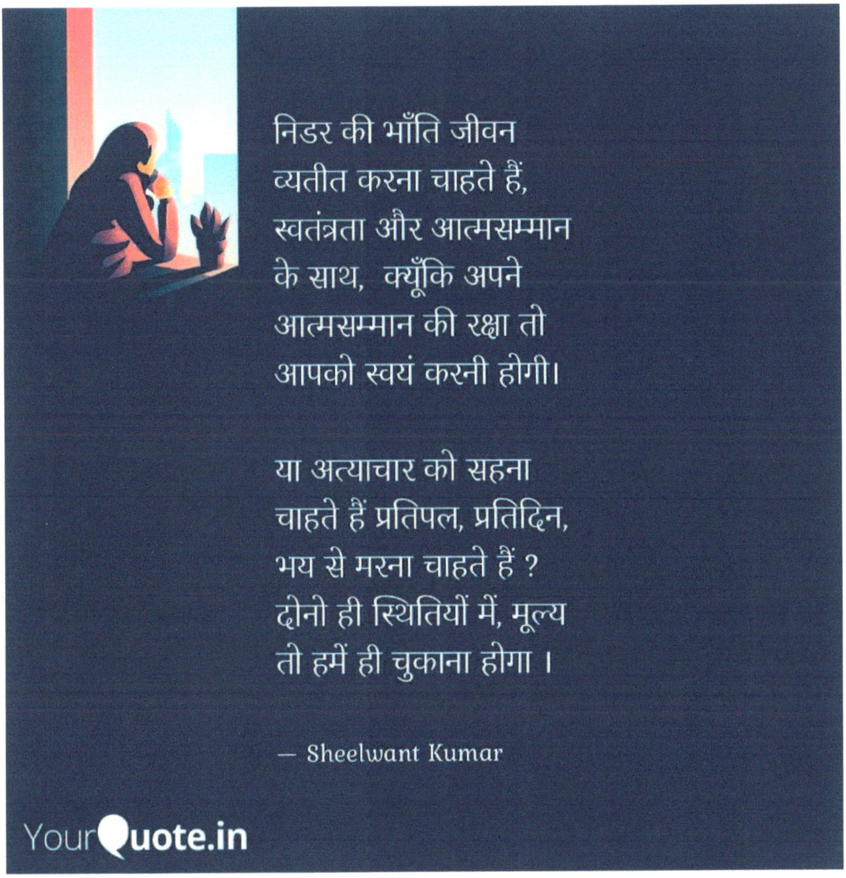

"निडर की भाँति जीवन व्यतीत करना चाहते हैं, स्वतंत्रता और आत्मसम्मान के साथ, क्यूँकि अपने आत्मसम्मान की रक्षा तो आपको स्वयं करनी होगी। या अत्याचार को सहना चाहते हैं प्रतिपल, प्रतिदिन, भय से मरना चाहते हैं? दोनो ही स्थितियों में, मूल्य तो हमें ही चुकाना होगा ।"

आत्मसम्मान

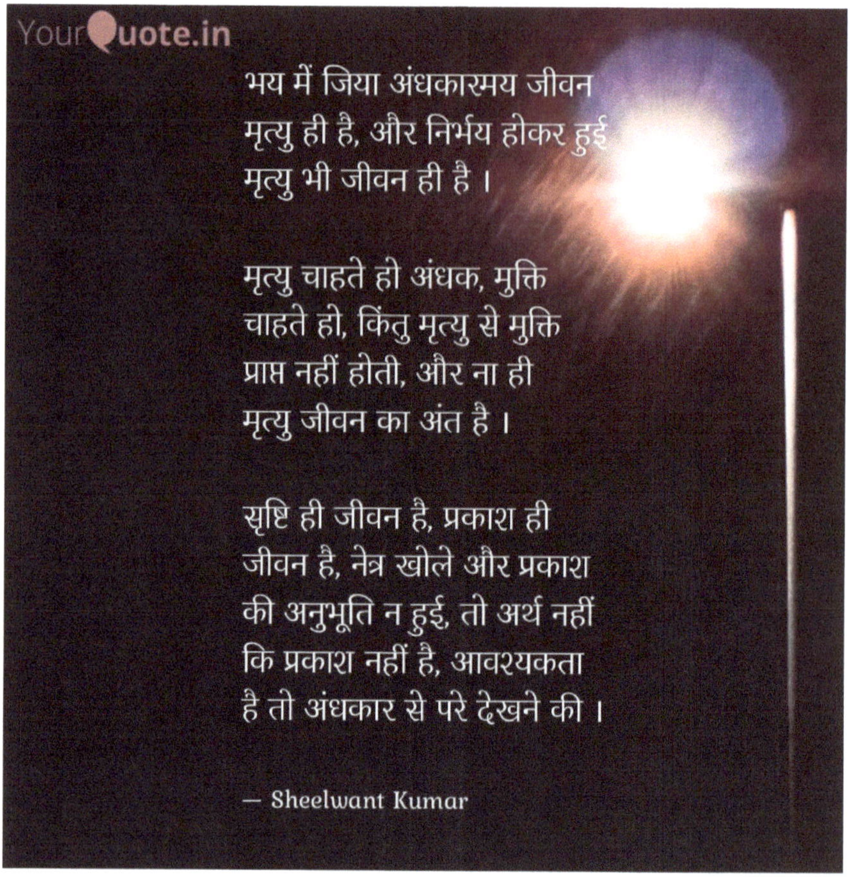

"भय में जिया अंधकारमय जीवन मृत्यु ही है, और निर्भय होकर हुई मृत्यु भी जीवन ही है । मृत्यु चाहते हो अंधक, मुक्ति चाहते हो, किंतु मृत्यु से मुक्ति प्राप्त नहीं होती, और ना ही मृत्यु जीवन का अंत है । सृष्टि ही जीवन है, प्रकाश ही जीवन है, नेत्र खोले और प्रकाश की अनुभूति न हुई, तो अर्थ नहीं कि प्रकाश नहीं है, आवश्यकता है तो अंधकार से परे देखने की ।"

मृत्यु और जीवन

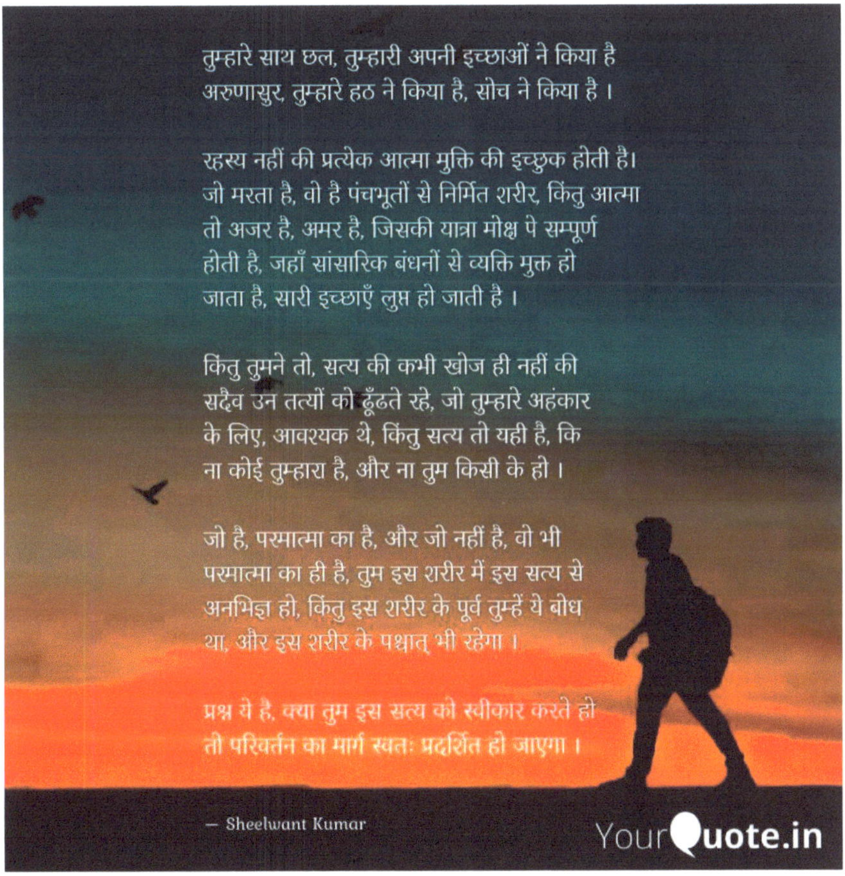

"तुम्हारे साथ छल, तुम्हारी अपनी इच्छाओं ने किया है अरुणासुर, तुम्हारे हठ ने किया है, सोच ने किया है । रहस्य नहीं की प्रत्येक आत्मा मुक्ति की इच्छुक होती है। जो मरता है, वो है पंचभूतों से निर्मित शरीर, किंतु आत्मा तो अजर है, अमर है, जिसकी यात्रा मोक्ष पे सम्पूर्ण होती है, जहाँ सांसारिक बंधनों से व्यक्ति मुक्त हो जाता है, सारी इच्छाएँ लुप्त हो जाती है । किंतु तुमने तो, सत्य की कभी खोज ही नहीं की सदैव उन तत्यों को ढूँढते रहे, जो तुम्हारे अहंकार के लिए, आवश्यक थे, किंतु सत्य तो यही है, कि ना कोई तुम्हारा है, और ना तुम किसी के हो । जो है, परमात्मा का है, और जो नहीं है, वो भी परमात्मा का ही है, तुम इस शरीर में इस सत्य से अनभिज्ञ हो, किंतु इस शरीर के पूर्व तुम्हें ये बोध था, और इस शरीर के पश्चात् भी रहेगा । प्रश्न ये है, क्या तुम इस सत्य को स्वीकार करते हो तो परिवर्तन का मार्ग स्वतः प्रदर्शित हो जाएगा ।"

आत्मा और मुक्ति

"जिसे प्रत्यक्ष ज्ञान द्वारा या अनुमान द्वारा, या किसी और विधि से, नहीं जाना जा सकता, उसे वेद द्वारा सहजता से जाना जा सकता है । वेद ही सम्पूर्ण ज्ञान का मूल है।"

वेद

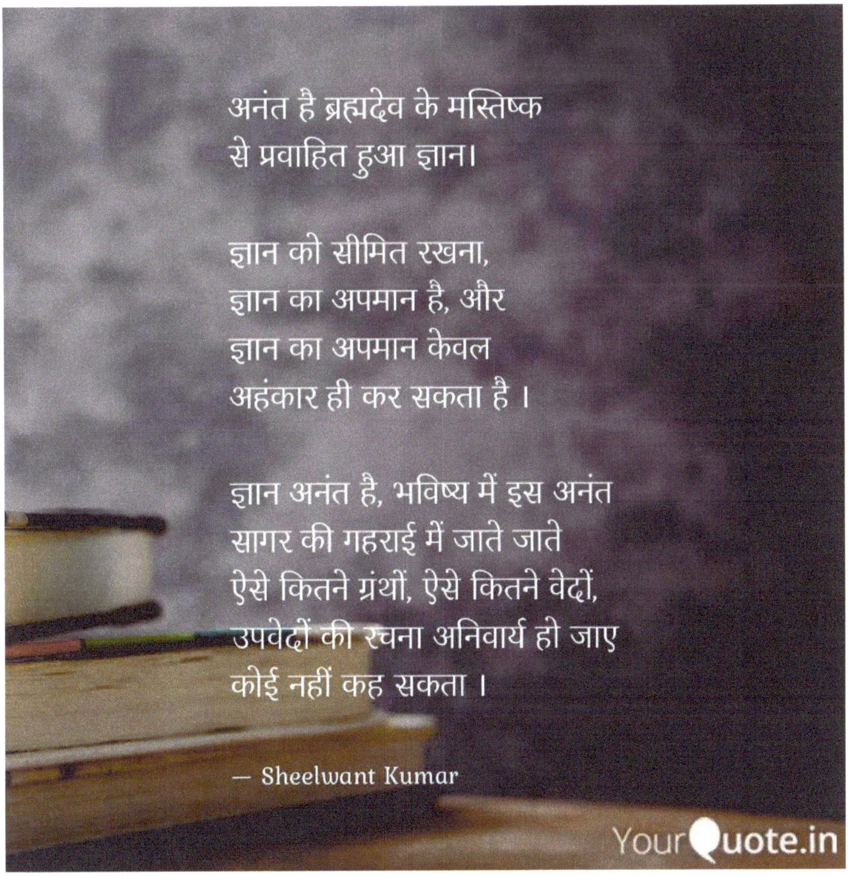

"अनंत है ब्रह्मदेव के मस्तिष्क से प्रवाहित हुआ ज्ञान। ज्ञान को सीमित रखना, ज्ञान का अपमान है, और ज्ञान का अपमान केवल अहंकार ही कर सकता है । ज्ञान अनंत है, भविष्य में इस अनंत सागर की गहराई में जाते जाते ऐसे कितने ग्रंथों, ऐसे कितने वेदों, उपवेदों की रचना अनिवार्य हो जाए कोई नहीं कह सकता ।"

ज्ञान और वेद

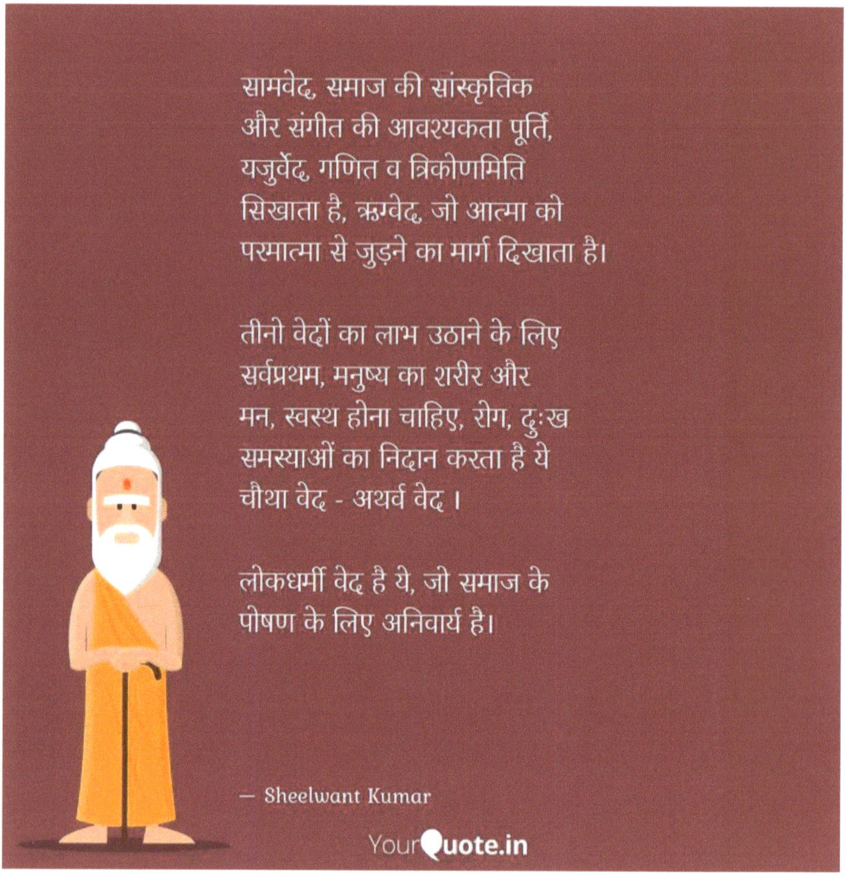

"सामवेद, समाज की सांस्कृतिक और संगीत की आवश्यकता पूर्ति, यजुर्वेद, गणित व त्रिकोणमिति सिखाता है, ऋग्वेद, जो आत्मा को परमात्मा से जुड़ने का मार्ग दिखाता है। तीनो वेदों का लाभ उठाने के लिए सर्वप्रथम, मनुष्य का शरीर और मन, स्वस्थ होना चाहिए, रोग, दुःख समस्याओं का निदान करता है ये चौथा वेद - अथर्व वेद । लोकधर्मी वेद है ये, जो समाज के पोषण के लिए अनिवार्य है।"

अथर्ववेद

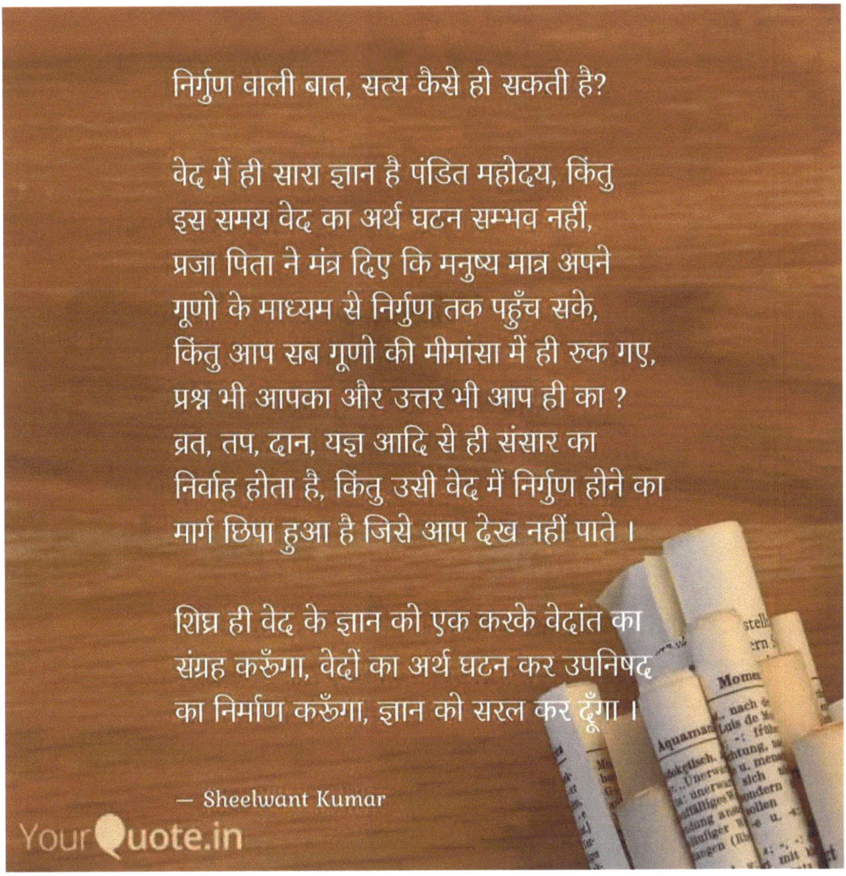

"निर्गुण वाली बात, सत्य कैसे हो सकती है? वेद में ही सारा ज्ञान है पंडित महोदय, किंतु इस समय वेद का अर्थ घटन सम्भव नहीं, प्रजा पिता ने मंत्र दिए कि मनुष्य मात्र अपने गूणो के माध्यम से निर्गुण तक पहुँच सके, किंतु आप सब गूणो की मीमांसा में ही रुक गए, प्रश्न भी आपका और उत्तर भी आप ही का? व्रत, तप, दान, यज्ञ आदि से ही संसार का निर्वाह होता है, किंतु उसी वेद में निर्गुण होने का मार्ग छिपा हुआ है जिसे आप देख नहीं पाते । शिघ्र ही वेद के ज्ञान को एक करके वेदांत का संग्रह करूँगा, वेदों का अर्थ घटन कर उपनिषद का निर्माण करूँगा, ज्ञान को सरल कर दूँगा ।"

"दुग्ध अर्पित करना, यदि भक्त के मन को दुग्ध की भाँति निर्मल न बनाए, तो ये व्यर्थ है, ये अर्पण व्यर्थ है । संसार में न जाने कितने शिशु इस भूख से अकाल मृत्यु को प्राप्त हो रहे हैं, ऐसे में दुग्ध अर्पित करने का उचित स्थान मेरा विग्रह नहीं, अपितु वो शिशु है जो निराश्रित है, उपेक्षित है । जब तक संसार में कोई भी शिशु भूखा है समझ लो मैं भूखा हूँ, और मेरी क्षुधा तभी शांत होगी, जब उसे कोई आहार मिलेगा ।"

दुग्ध अर्पण

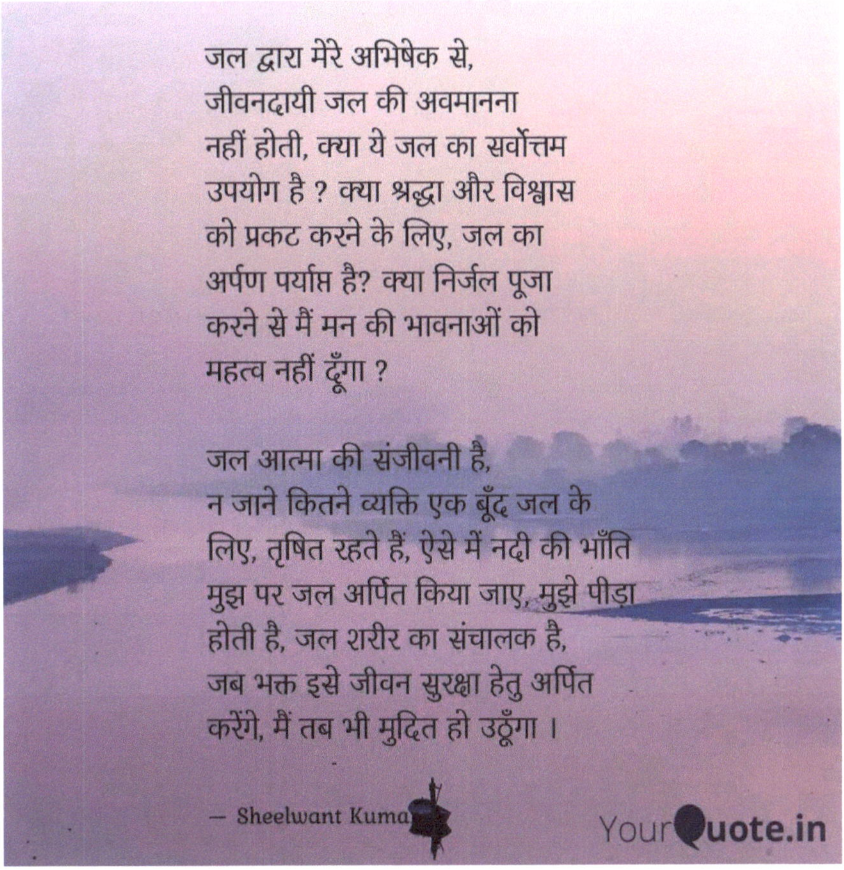

"जल द्वारा मेरे अभिषेक से, जीवनदायी जल की अवमानना नहीं होती, क्या ये जल का सर्वोत्तम उपयोग है ? क्या श्रद्धा और विश्वास को प्रकट करने के लिए, जल का अर्पण पर्याप्त है? क्या निर्जल पूजा करने से मैं मन की भावनाओं को महत्व नहीं दूँगा ? जल आत्मा की संजीवनी है, न जाने कितने व्यक्ति एक बूँद जल के लिए, तृषित रहते हैं, ऐसे में नदी की भाँति मुझ पर जल अर्पित किया जाए, मुझे पीड़ा होती है, जल शरीर का संचालक है, जब भक्त इसे जीवन सुरक्षा हेतु अर्पित करेंगे, मैं तब भी मुदित हो उठूँगा ।"

जल अभिषेक

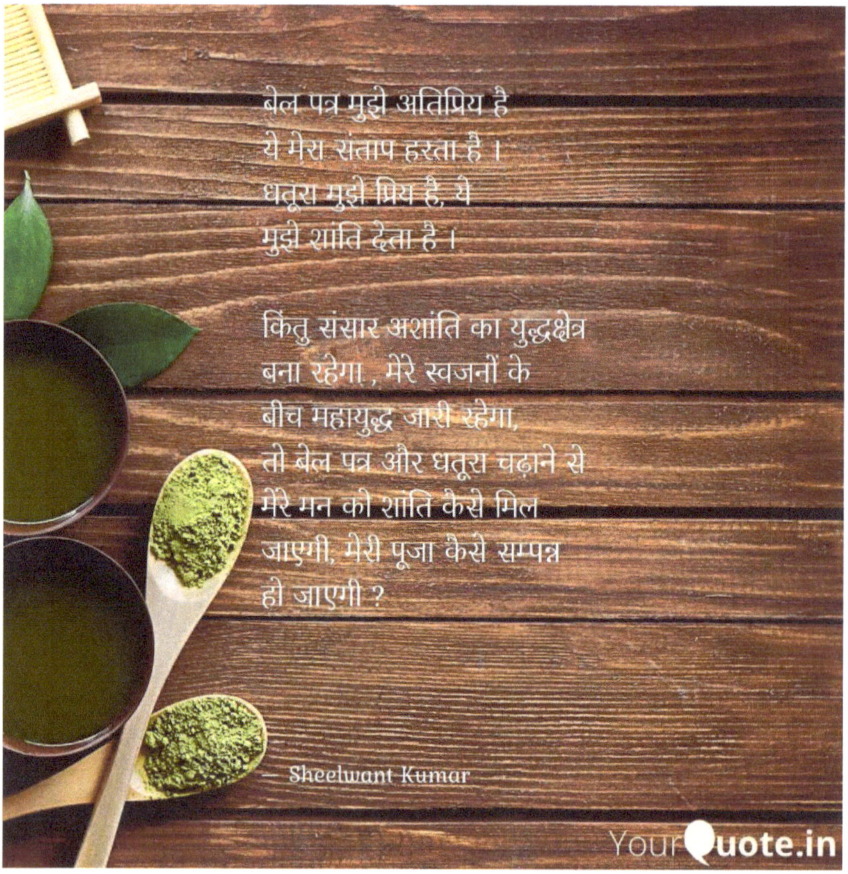

"बेल पत्र मुझे अतिप्रिय है ये मेरा संताप हरता है । धतूरा मुझे प्रिय है, ये मुझे शांति देता है । किंतु संसार अशांति का युद्धक्षेत्र बना रहेगा , मेरे स्वजनों के बीच महायुद्ध जारी रहेगा, तो बेल पत्र और धतूरा चढ़ाने से मेरे मन को शांति कैसे मिल जाएगी, मेरी पूजा कैसे सम्पन्न हो जाएगी ?"

बेल पत्र धथूरा

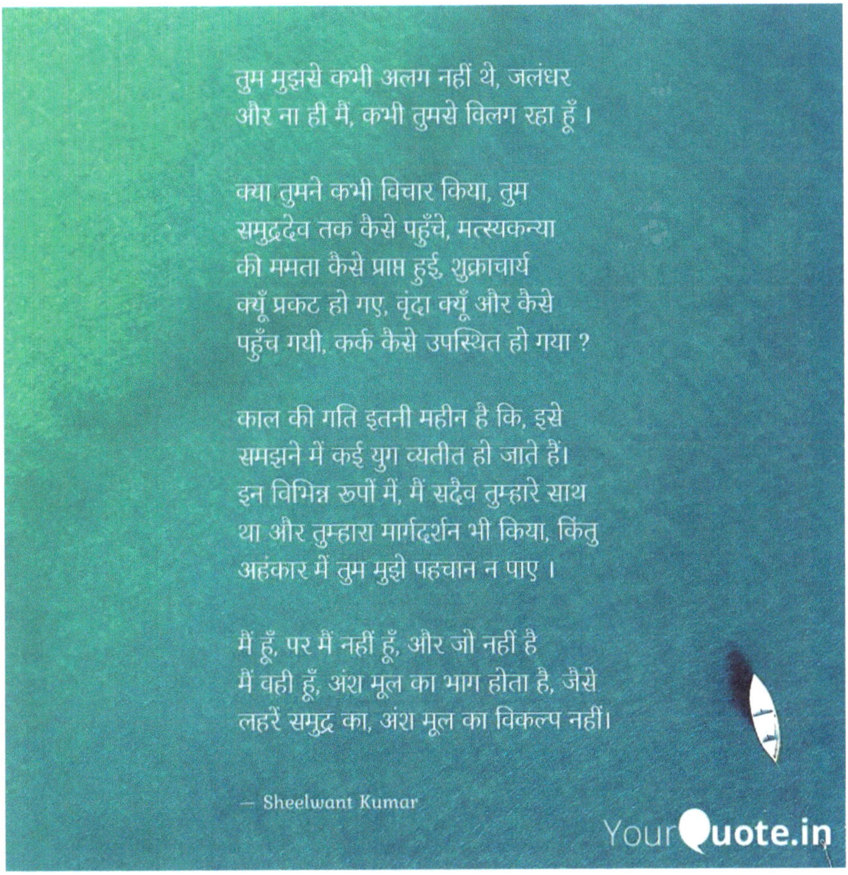

"तुम मुझसे कभी अलग नहीं थे, जलंधर और ना ही मैं, कभी तुमसे विलग रहा हूँ । क्या तुमने कभी विचार किया, तुम समुद्रदेव तक कैसे पहुँचे, मत्स्यकन्या की ममता कैसे प्राप्त हुई, शुक्राचार्य क्यूँ प्रकट हो गए, वृंदा क्यूँ और कैसे पहुँच गयी, कर्क कैसे उपस्थित हो गया ? काल की गति इतनी महीन है कि, इसे समझने में कई युग व्यतीत हो जाते हैं। इन विभिन्न रूपों में, मैं सदैव तुम्हारे साथ था और तुम्हारा मार्गदर्शन भी किया, किंतु अहंकार में तुम मुझे पहचान न पाए । मैं हूँ, पर मैं नहीं हूँ, और जो नहीं है मैं वही हूँ, अंश मूल का भाग होता है, जैसे लहरें समुद्र का, अंश मूल का विकल्प नहीं।"

"स्पर्धा से नहीं, स्पर्धा की ईर्ष्यापूर्ण प्रवृति से बचना चाहिए पुत्र, क्यूँकि ईर्ष्यापूर्ण प्रवृति व्यक्तिगत होती है, वो बस अपने स्वार्थ और उद्धार तक ही सीमित होती है, किंतु स्मरण रहे अपने अवगुणों से प्राप्त हुई जीत क्षणिक होती है, वो सच्ची नहीं होती, वास्तविक और चिरकालीन जीत तो, अपने योग्यता और गुणों से ही प्राप्त हो सकती है, प्रतिस्पर्धा के परिणाम की चिंता किए बिना और ईर्ष्यापूर्ण प्रवृति को त्याग कर स्पर्धा में भाग लो।"

प्रति स्पर्धा

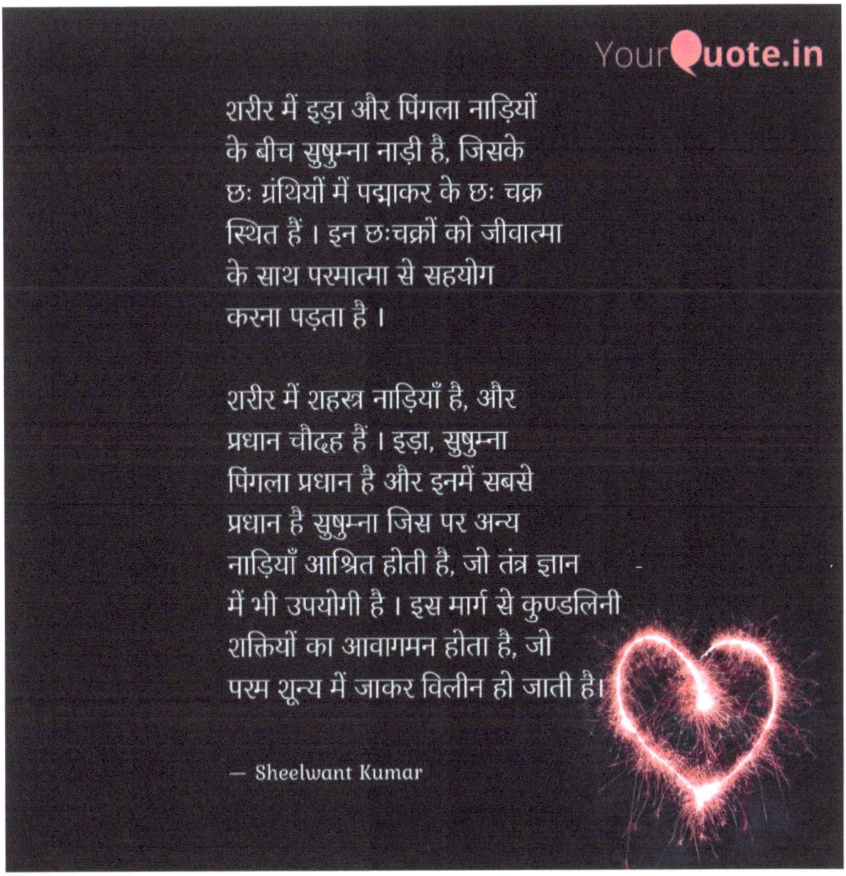

"शरीर में इड़ा और पिंगला नाड़ियों के बीच सुषुम्ना नाड़ी है, जिसके छः ग्रंथियों में पद्माकर के छः चक्र स्थित हैं । इन छःचक्रों को जीवात्मा के साथ परमात्मा से सहयोग करना पड़ता है । शरीर में शहस्त्र नाड़ियाँ है, और प्रधान चौदह हैं । इड़ा, सुषुम्ना पिंगला प्रधान है और इनमें सबसे प्रधान है सुषुम्ना जिस पर अन्य नाड़ियाँ आश्रित होती है, जो तंत्र ज्ञान में भी उपयोगी है । इस मार्ग से कुण्डलिनी शक्तियों का आवागमन होता है, जो परम शून्य में जाकर विलीन हो जाती है।"

नाड़ियाँ

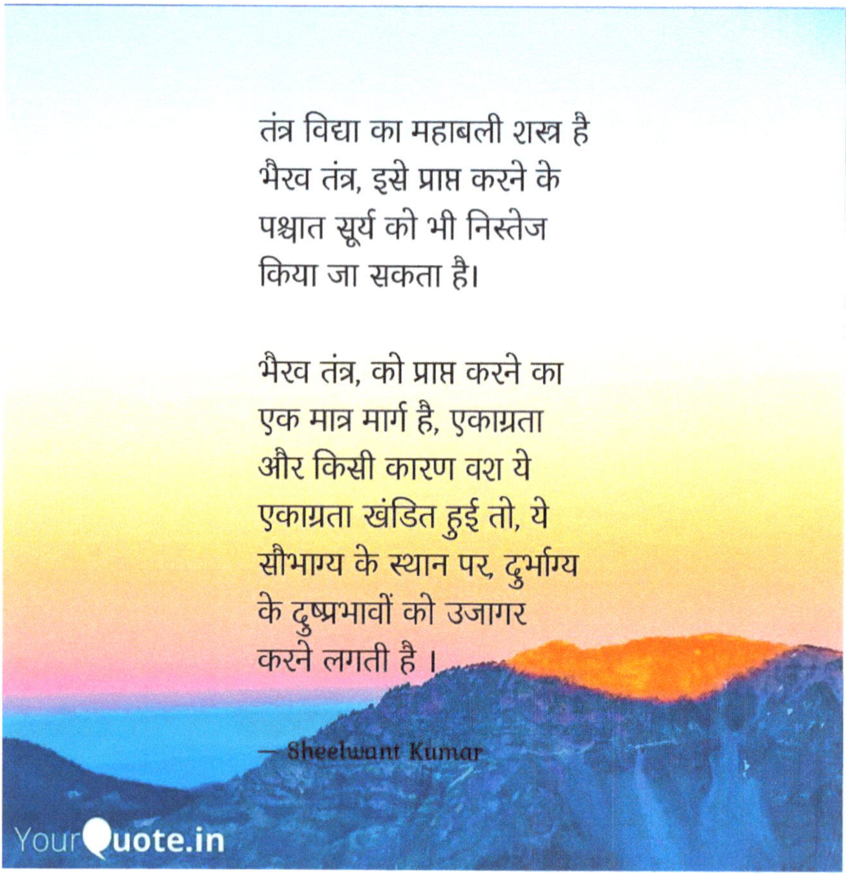

"तंत्र विद्या का महाबली शस्त्र है भैरव तंत्र, इसे प्राप्त करने के पश्चात सूर्य को भी निस्तेज किया जा सकता है। भैरव तंत्र, को प्राप्त करने का एक मात्र मार्ग है, एकाग्रता और किसी कारण वश ये एकाग्रता खंडित हुई तो, ये सौभाग्य के स्थान पर, दुर्भाग्य के दुष्प्रभावों को उजागर करने लगती है ।"

तंत्र विद्या

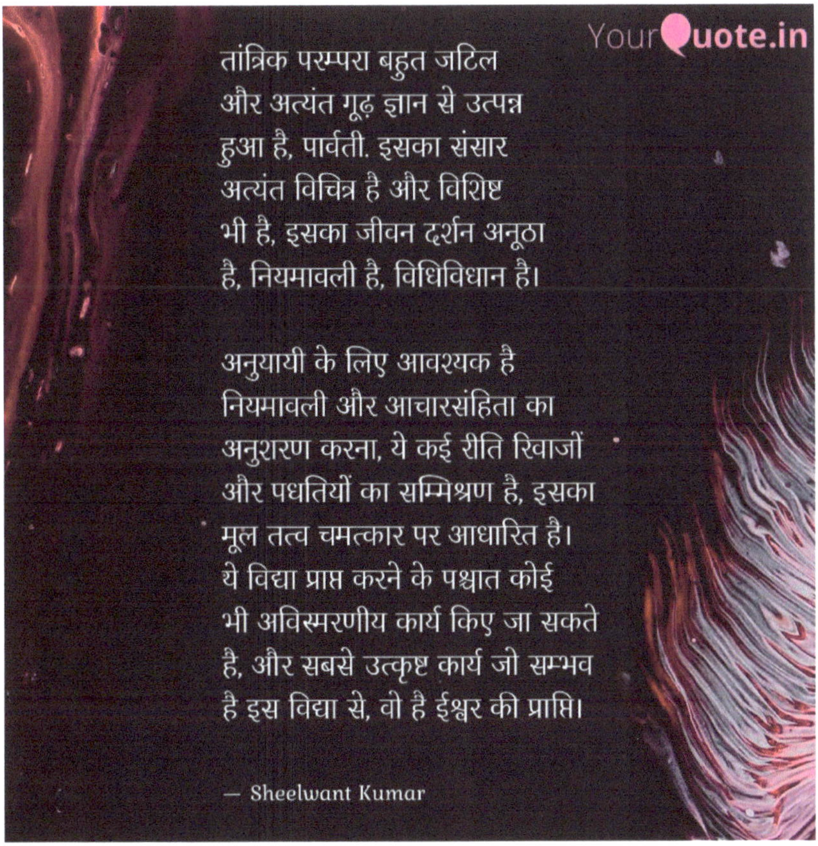

"तांत्रिक परम्परा बहुत जटिल और अत्यंत गूढ़ ज्ञान से उत्पन्न हुआ है, पार्वती. इसका संसार अत्यंत विचित्र है और विशिष्ट भी है, इसका जीवन दर्शन अनूठा है, नियमावली है, विधिविधान है। अनुयायी के लिए आवश्यक है नियमावली और आचारसंहिता का अनुशरण करना, ये कई रीति रिवाजों और पधतियों का सम्मिश्रण है, इसका मूल तत्व चमत्कार पर आधारित है। ये विद्या प्राप्त करने के पश्चात कोई भी अविस्मरणीय कार्य किए जा सकते है, और सबसे उत्कृष्ट कार्य जो सम्भव है इस विद्या से, वो है ईश्वर की प्राप्ति।"

तंत्र परंपरा

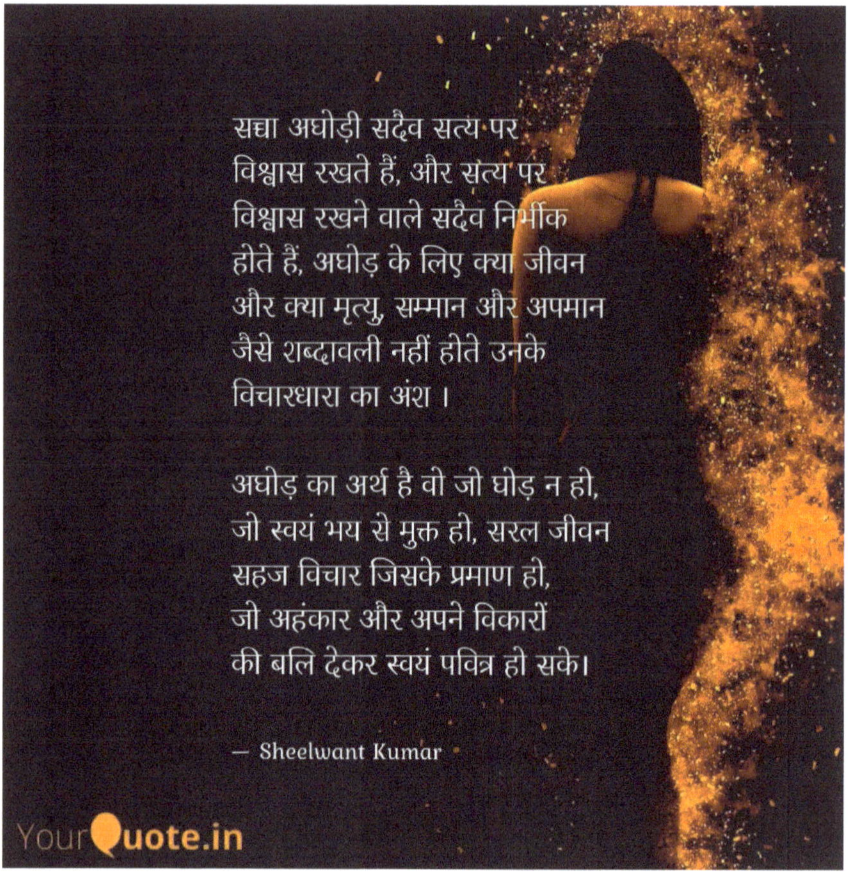

"सच्चा अघोड़ी सदैव सत्य पर विश्वास रखते हैं, और सत्य पर विश्वास रखने वाले सदैव निर्भीक होते हैं, अघोड़ के लिए क्या जीवन और क्या मृत्यु, सम्मान और अपमान जैसे शब्दावली नहीं होते उनके विचारधारा का अंश । अघोड़ का अर्थ है वो जो घोड़ न हो, जो स्वयं भय से मुक्त हो, सरल जीवन सहज विचार जिसके प्रमाण हो, जो अहंकार और अपने विकारों की बलि देकर स्वयं पवित्र हो सके।"

"जीव हूँ, मैं ही ब्रह्म हूँ सम्पूर्ण जगत हूँ, निरंजन हूँ विकराल काल हूँ, मैं ही एक लघु पल हूँ मैं ही अमर हूँ, और प्रत्येक मृत्यु में मैं ही मरता भी हूँ महापर्वत मैं हूँ, सूक्ष्म तृण भी मैं ही हूँ पृथ्वी मैं हूँ, आकाश मैं हूँ बंधन मैं हूँ, मुक्ति मैं हूँ काल, कूट, विष और अमृत भी मैं हूँ ज्ञान भी हूँ, अज्ञान भी हूँ प्रकाश भी हूँ, अंधकार भी हूँ द्विधा मैं हूँ, निर्णय भी मैं हूँ शांति मैं, और समस्त अशांति भी मैं हूँ मैं ही ब्रह्मा, मैं ही नारायण मैं महादेव हूँ!"

कौन है?

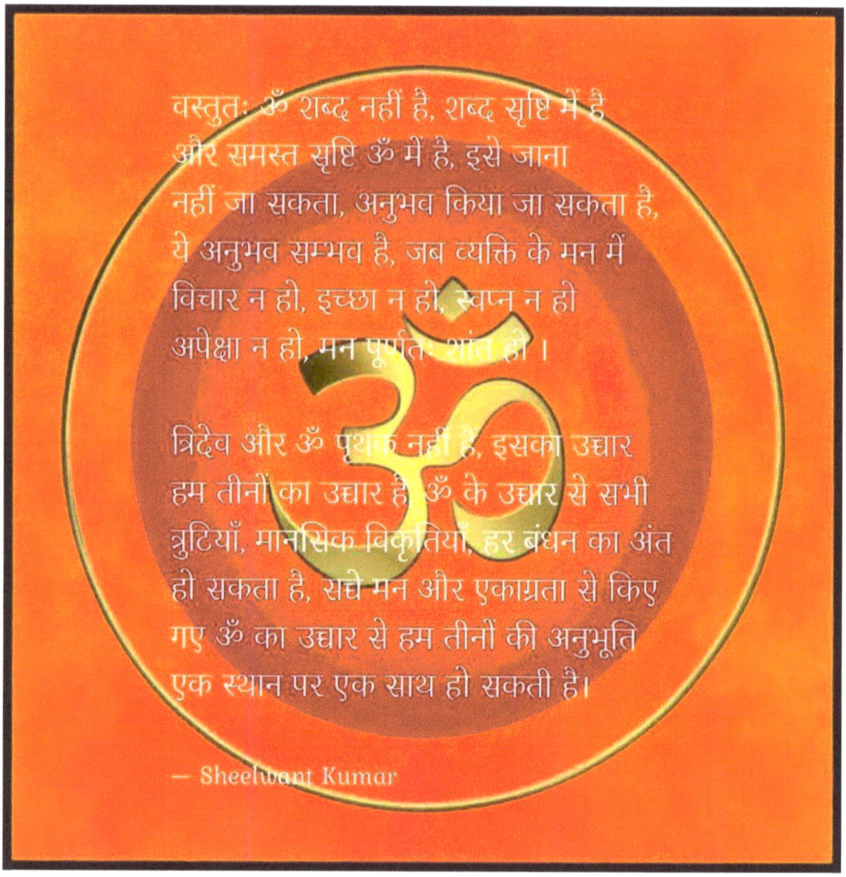

"वस्तुतः ॐ शब्द नहीं है, शब्द सृष्टि में है और समस्त सृष्टि ॐ में है, इसे जाना नहीं जा सकता, अनुभव किया जा सकता है, ये अनुभव सम्भव है, जब व्यक्ति के मन में विचार न हो, इच्छा न हो, स्वप्न न हो अपेक्षा न हो, मन पूर्णतः शांत हो । त्रिदेव और ॐ पृथक नहीं हैं, इसका उच्चार हम तीनों का उच्चार है, ॐ के उच्चार से सभी त्रुटियाँ, मानसिक विकृतियाँ, हर बंधन का अंत हो सकता है, सच्चे मन और एकाग्रता से किए गए ॐ का उच्चार से हम तीनों की अनुभूति एक स्थान पर एक साथ हो सकती है।"

ॐ

शरीर भी विभिन्न तत्वों व
कणों के जुड़ाव से बना है।
यदि जुड़ाव अनुचित है, तो
फिर शरीर और जीवन
का नष्ट हो जाना, उचित
होना चाहिए ?

— Sheelwant Kumar

"शरीर भी विभिन्न तत्वों व कणों के जुड़ाव से बना है। यदि जुड़ाव अनुचित है, तो फिर शरीर और जीवन का नष्ट हो जाना, उचित होना चाहिए?"

जुड़ाव

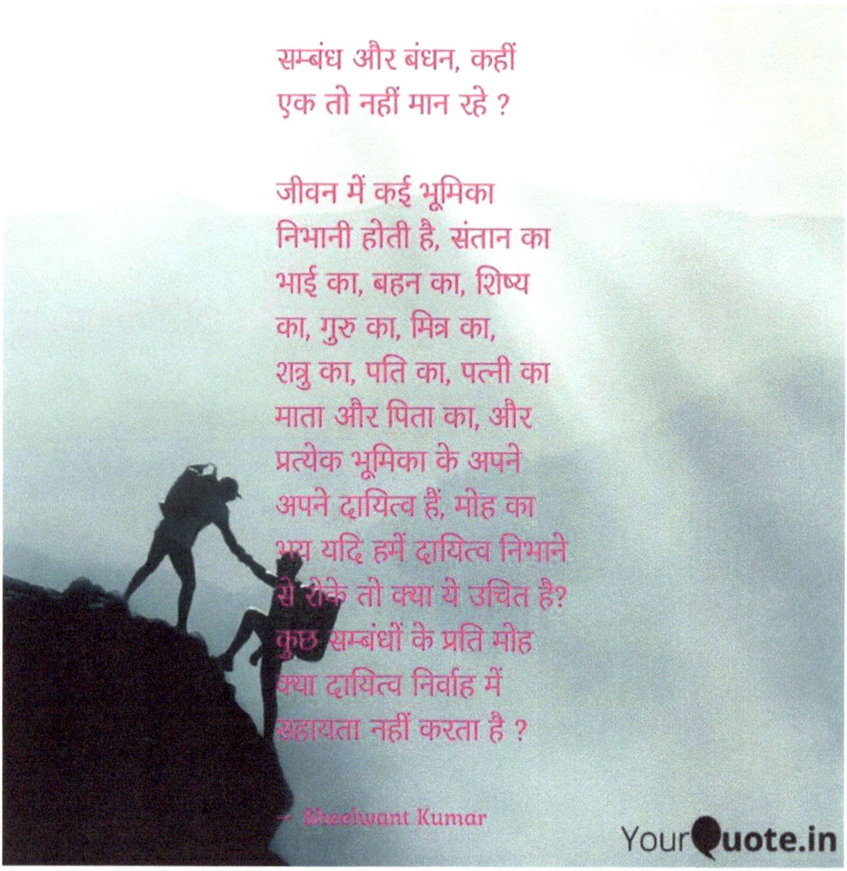

"सम्बंध और बंधन, कहीं एक तो नहीं मान रहे ? जीवन में कई भूमिका निभानी होती है, संतान का भाई का, बहन का, शिष्य का, गुरु का, मित्र का, शत्रु का, पति का, पत्नी का माता और पिता का, और प्रत्येक भूमिका के अपने अपने दायित्व हैं, मोह का भय यदि हमें दायित्व निभाने से रोके तो क्या ये उचित है? कुछ सम्बंधों के प्रति मोह क्या दायित्व निर्वाह में सहायता नहीं करता है ?"

सम्बंध

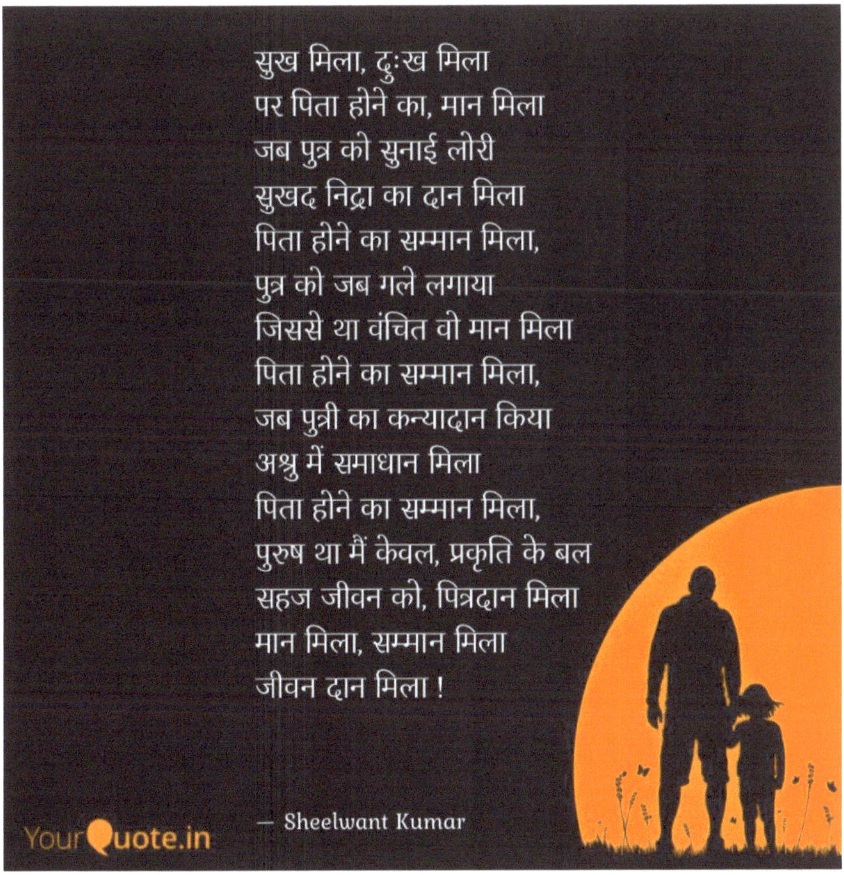

"सुख मिला, दुःख मिला पर पिता होने का, मान मिला जब पुत्र को सुनाई लोरी सुखद निद्रा का दान मिला पिता होने का सम्मान मिला, पुत्र को जब गले लगाया जिससे था वंचित वो मान मिला पिता होने का सम्मान मिला, जब पुत्री का कन्यादान किया अश्रु में समाधान मिला पिता होने का सम्मान मिला, पुरुष था मैं केवल, प्रकृति के बल सहज जीवन को, पित्रदान मिला मान मिला, सम्मान मिला जीवन दान मिला !"

क्या मिला ?

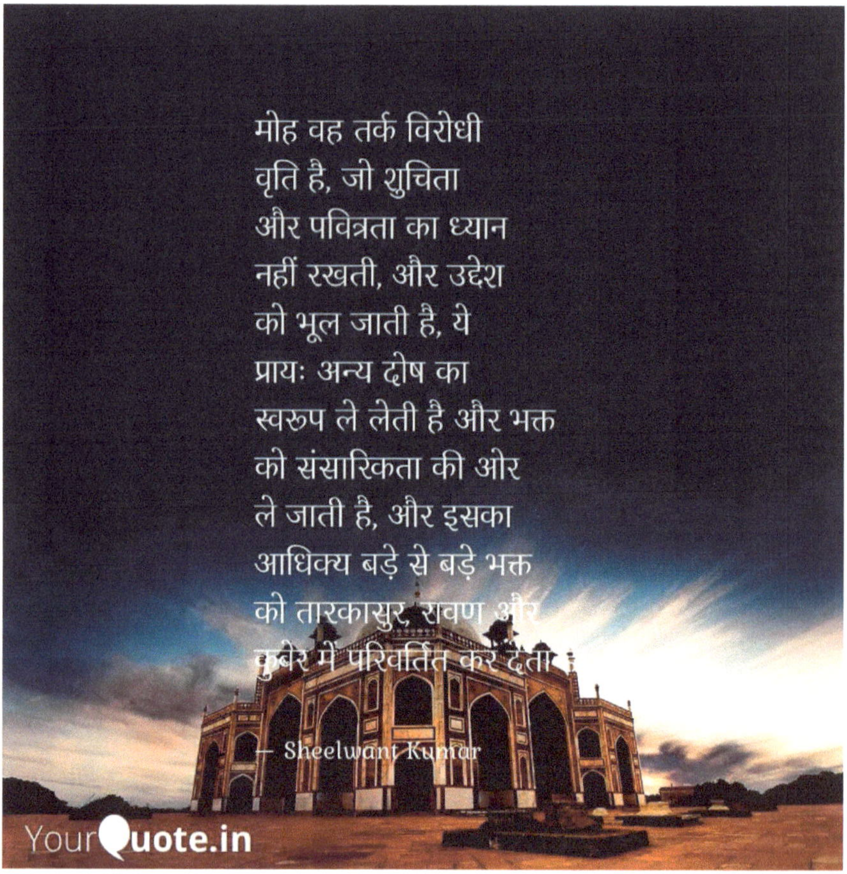

"मोह वह तर्क विरोधी वृति है, जो शुचिता और पवित्रता का ध्यान नहीं रखती, और उद्देश को भूल जाती है, ये प्रायः अन्य दोष का स्वरूप ले लेती है और भक्त को संसारिकता की ओर ले जाती है, और इसका आधिक्य बड़े से बड़े भक्त को तारकासुर, रावण और कुबेर में परिवर्तित कर देता है।"

मोह

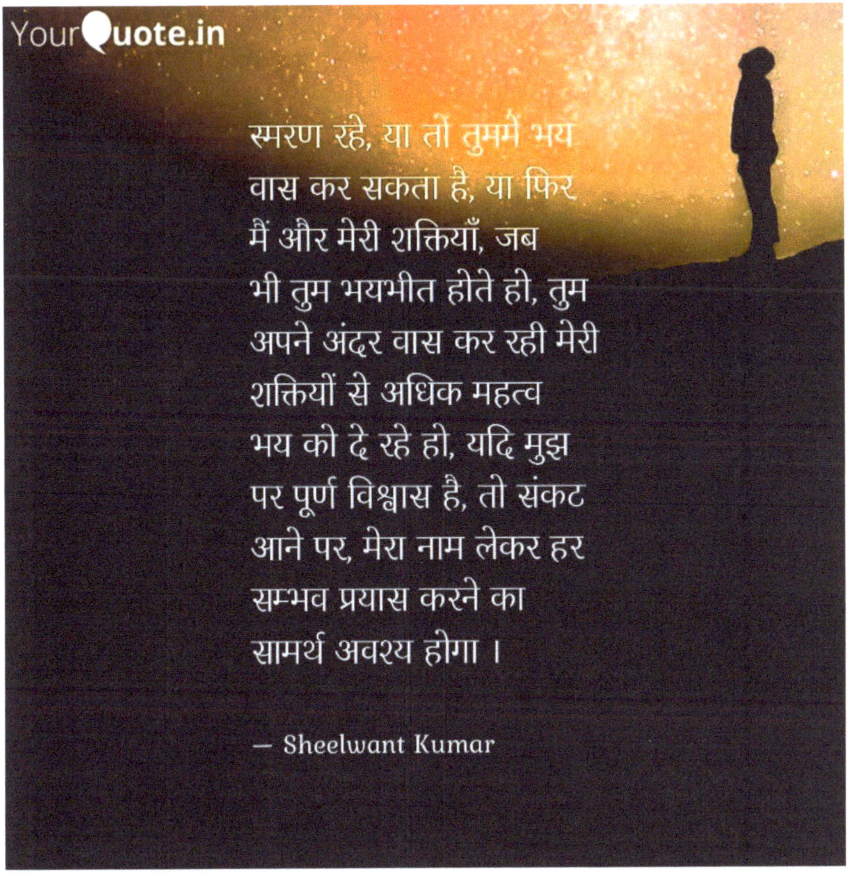

"स्मरण रहे, या तो तुममें भय वास कर सकता है, या फिर मैं और मेरी शक्तियाँ, जब भी तुम भयभीत होते हो, तुम अपने अंदर वास कर रही मेरी शक्तियों से अधिक महत्व भय को दे रहे हो, यदि मुझ पर पूर्ण विश्वास है, तो संकट आने पर, मेरा नाम लेकर हर सम्भव प्रयास करने का सामर्थ अवश्य होगा ।"

भय

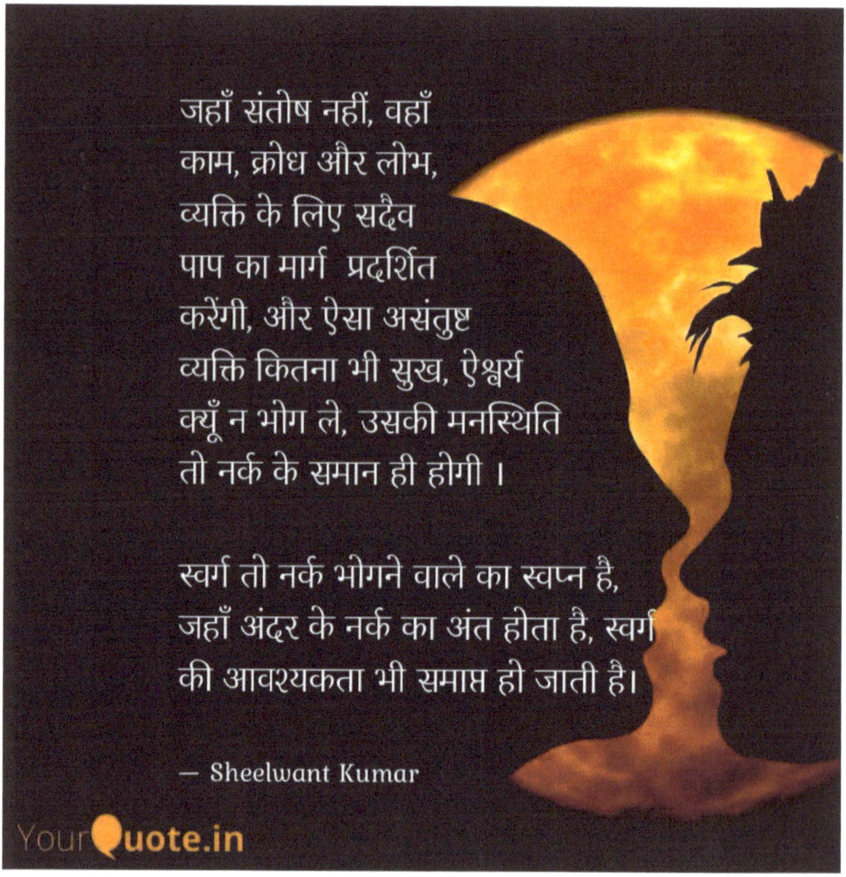

"जहाँ संतोष नहीं, वहाँ काम, क्रोध और लोभ, व्यक्ति के लिए सदैव पाप का मार्ग प्रदर्शित करेंगी, और ऐसा असंतुष्ट व्यक्ति कितना भी सुख, ऐश्वर्य क्यूँ न भोग ले, उसकी मनस्थिति तो नर्क के समान ही होगी । स्वर्ग तो नर्क भोगने वाले का स्वप्न है, जहाँ अंदर के नर्क का अंत होता है, स्वर्ग की आवश्यकता भी समाप्त हो जाती है।"

नर्क

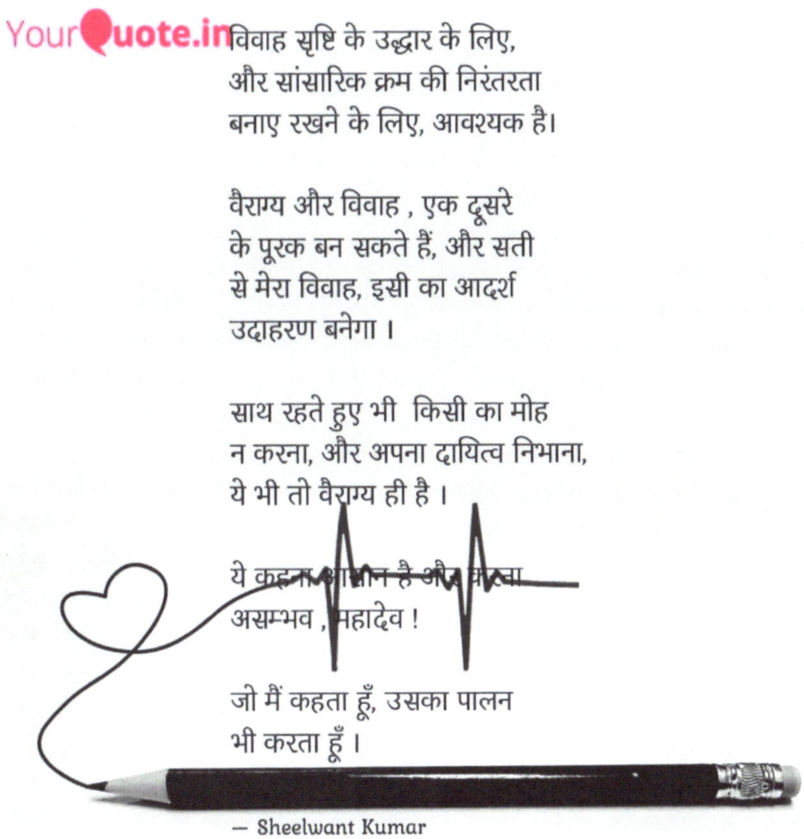

"विवाह सृष्टि के उद्धार के लिए, और सांसारिक क्रम की निरंतरता बनाए रखने के लिए, आवश्यक है। वैराग्य और विवाह , एक दूसरे के पूरक बन सकते हैं, और सती से मेरा विवाह, इसी का आदर्श उदाहरण बनेगा । साथ रहते हुए भी किसी का मोह न करना, और अपना दायित्व निभाना, ये भी तो वैराग्य ही है । ये कहना आसान है और करना असम्भव , महादेव ! जो मैं कहता हूँ, उसका पालन भी करता हूँ ।"

विवाह वैराग्य

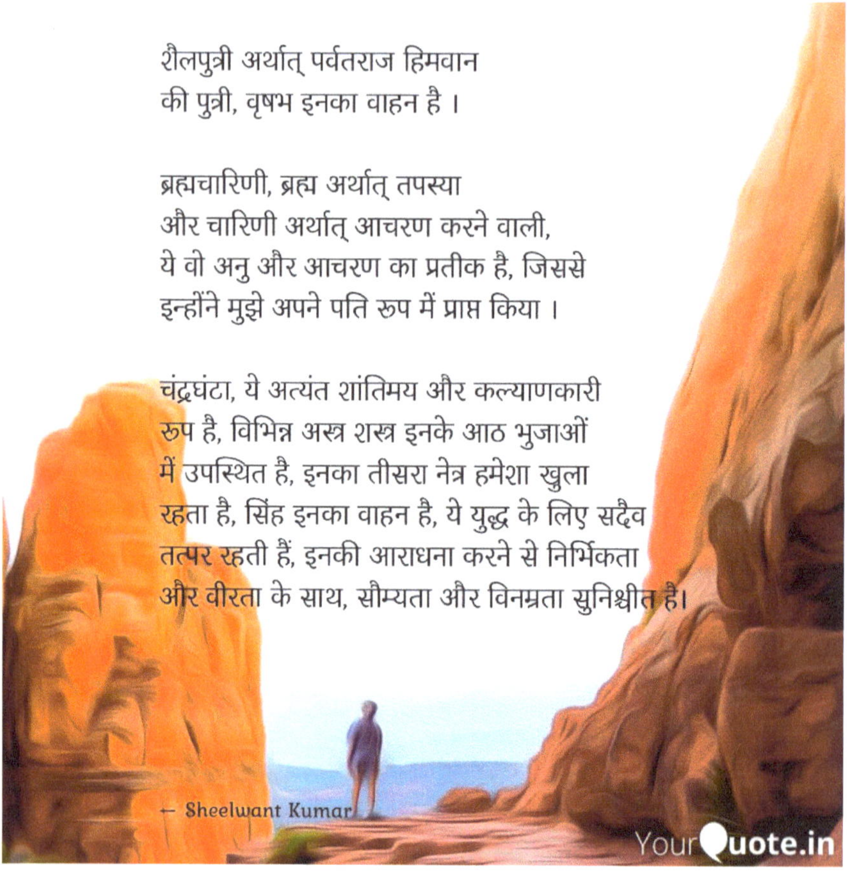

"शैलपुत्री अर्थात् पर्वतराज हिमवान की पुत्री, वृषभ इनका वाहन है । ब्रह्मचारिणी, ब्रह्म अर्थात् तपस्या और चारिणी अर्थात् आचरण करने वाली, ये वो अनु और आचरण का प्रतीक है, जिससे इन्होंने मुझे अपने पति रूप में प्राप्त किया । चंद्रघंटा, ये अत्यंत शांतिमय और कल्याणकारी रूप है, विभिन्न अस्त्र शस्त्र इनके आठ भुजाओं में उपस्थित है, इनका तीसरा नेत्र हमेशा खुला रहता है, सिंह इनका वाहन है, ये युद्ध के लिए सदैव तत्पर रहती हैं, इनकी आराधना करने से निर्भिकता और वीरता के साथ, सौम्यता और विनम्रता सुनिश्चीत है।"

नौदुर्गा

"इनकी मंद मंद हँसी से संसार का जन्म सम्भव होता है, इसी कारण वश इन्हें कुषमांदा कहते हैं, अष्टभुजा शस्त्रधारिणी, व्याघ्रवाहिनी केवल यही हैं, जो सूर्य के भीतर लोक में वास करती हैं, दसों दिशाएँ इन्हीं से आलोकित हैं । जिनकी कृपा से मूढ़ता भी ज्ञान सागर में परिवर्तित हो जाती है, वो हैं स्कंधमाता सिंहवाहिनी, इनकी उपासना से मोक्ष का मार्ग भी सुलभ हो जाता है। जिस रूप में इन्होंने महिषासुर का वध किया, वो कात्यायनी कहलाती है, इनकी आराधना करने से अर्थ, धर्म, काम और मोक्ष फलों की प्राप्ति होती है ।"

"शाम रंग, खुले केश, एक हाथ में लोहे का काँटा, और एक में खड्ग जिनका आशीष शुभों का कर्ता और कारक है, ये कालरात्रि रूप है। ये अंधकार का विनाश करती है इनकी आराधना से आसुरी शक्तियाँ भी भयभीत हो जाती है। श्वेत वर्ण, श्वेत वस्त्र से सुसज्जित चतुर्भुज, त्रिशूल धारी, ताल वाद्य धारण करने वाली, इस रूप में ये अपने उपासकों को अभयदान देती हैं, ये इनका महागौरी रूप है। माँ दुर्गा का नवमा रूप, सिद्धदात्री कहलाता है, अनिमा, महिमा, लघिमा गरिमा, प्राप्ति, प्राकम्य, इशित्व, वशित्व ये आठों सिद्धियाँ केवल इन्ही की कृपा से प्राप्त हो सकती है, मेरा अर्धनारीश्वर रूप इनके सिद्धदात्री रूप की ही देन है।"

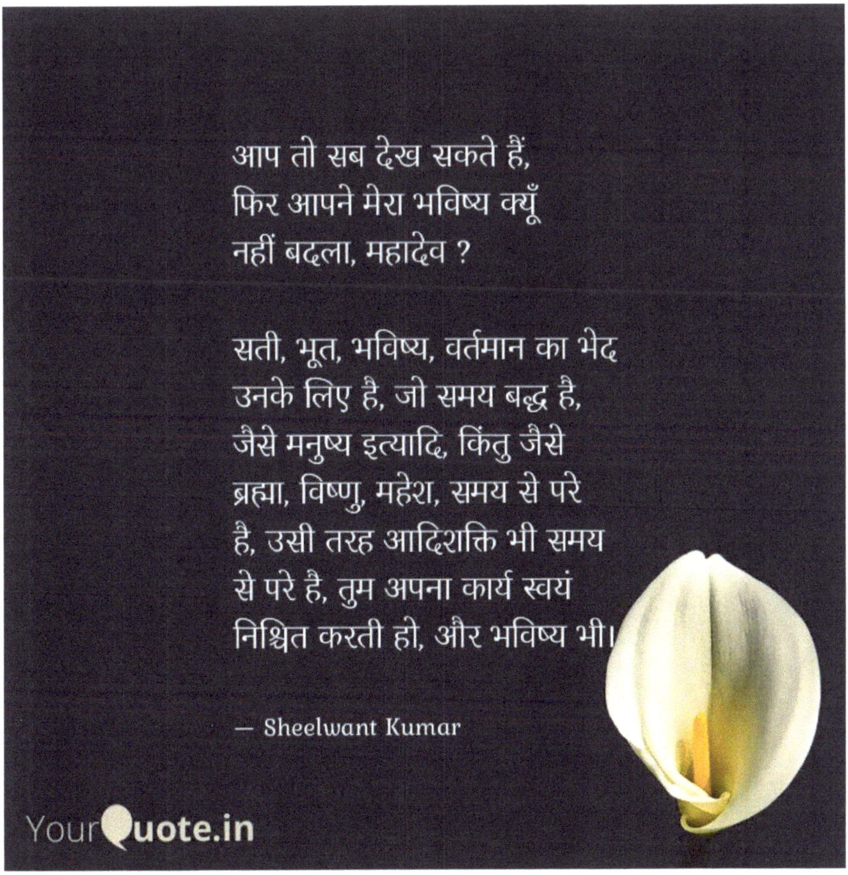

"आप तो सब देख सकते हैं, फिर आपने मेरा भविष्य क्यूँ नहीं बदला, महादेव ? सती, भूत, भविष्य, वर्तमान का भेद उनके लिए है, जो समय बद्ध है, जैसे मनुष्य इत्यादि, किंतु जैसे ब्रह्मा, विष्णु, महेश, समय से परे है, उसी तरह आदिशक्ति भी समय से परे है, तुम अपना कार्य स्वयं निश्चित करती हो, और भविष्य भी।"

आदिशक्ति

"पहले नेत्र बंद करते ही ध्यान में चला जाता था, किंतु अभी ये व्याकुलता क्यूँ? पार्वती ठीक कहती हैं, मुझे गणेश और कार्तिक को देखना चाहिए, तुमने उन्हें दुःख दिया है, परंतु मैंने तो वही किया जो उचित था, मेरी मंशा दुःख पहुँचाने की नहीं थी। उचित की परिभाषा को उसके संकीर्णता से मुक्त करना होगा, तुम गृहस्थ होकर वैराग्य की भूमिका नहीं निभा सकते । इन भूमिकाएँ के अपने अपने कर्तव्य है, और अपनी अपनी सीमाएँ भी । सम्भवतः सती के साथ विवाह से जो गृहस्थ की यात्रा प्रारम्भ हुई थी, अब पूर्ण हुई।"

यात्रा

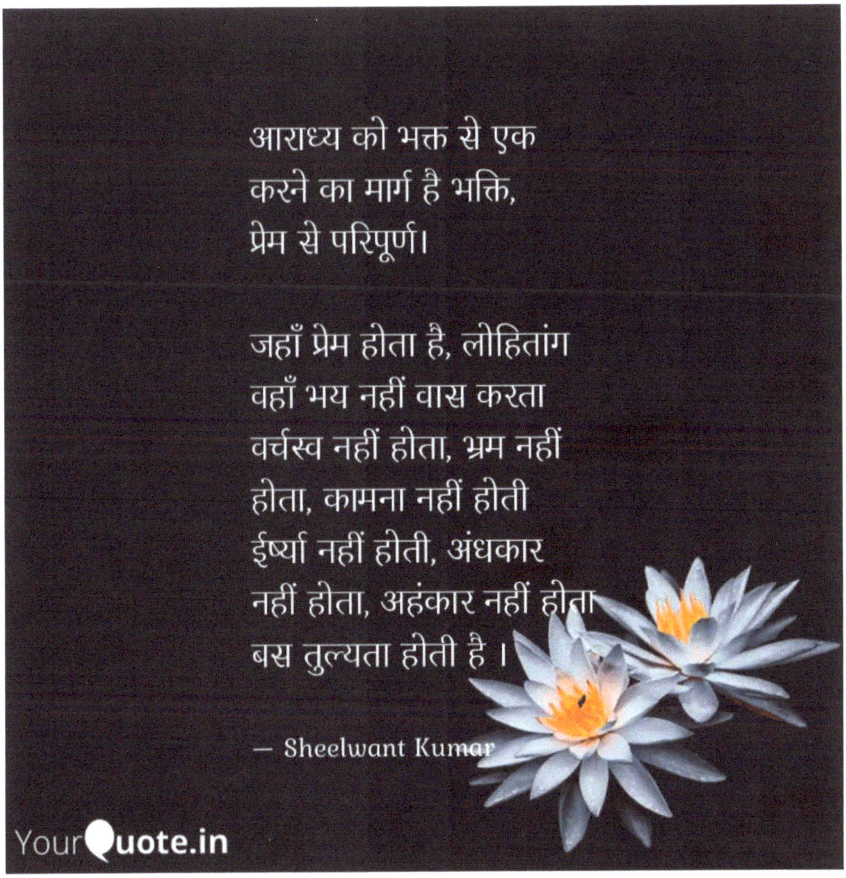

"आराध्य को भक्त से एक करने का मार्ग है भक्ति, प्रेम से परिपूर्ण। जहाँ प्रेम होता है, लोहितांग वहाँ भय नहीं वास करता वर्चस्व नहीं होता, भ्रम नहीं होता, कामना नहीं होती ईर्ष्या नहीं होती, अंधकार नहीं होता, अहंकार नहीं होता बस तुल्यता होती है ।"

भक्ति और प्रेम

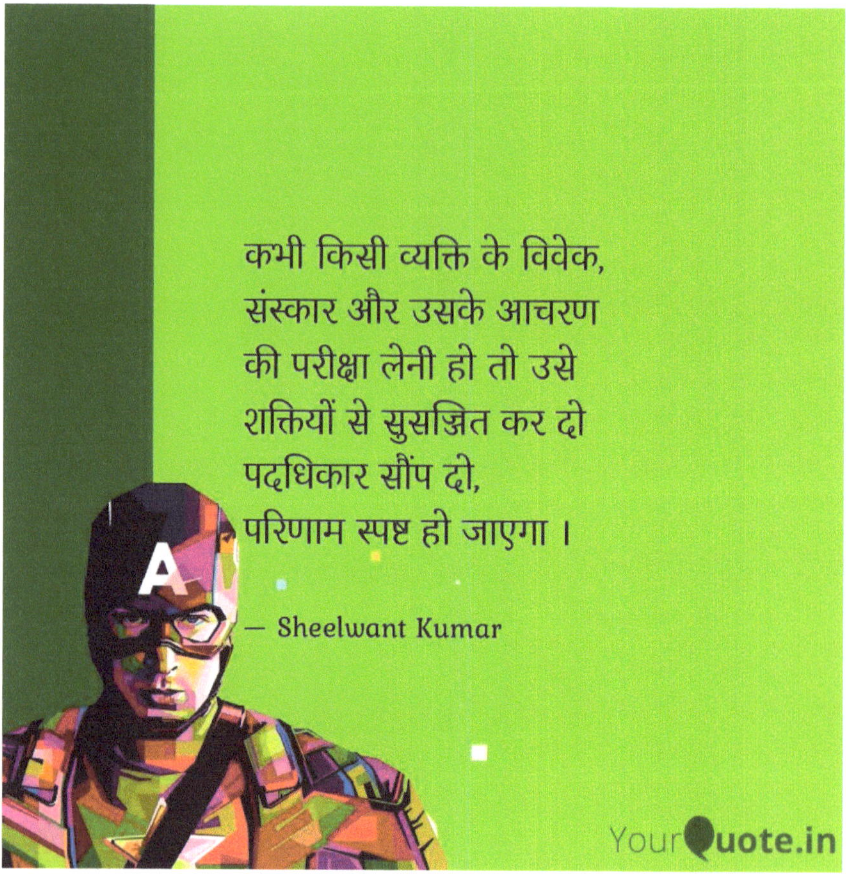

"कभी किसी व्यक्ति के विवेक, संस्कार और उसके आचरण की परीक्षा लेनी हो तो उसे शक्तियों से सुसज्जित कर दो पदधिकार सौंप दो, परिणाम स्पष्ट हो जाएगा ।"

विवेक

लोभ, अहंकार, महत्वकांक्षा, जो
इन तीन भावों के अधीन है, असुर है।

जब तक ये अवगुण संसार में है,
कोई ना कोई संकट अवश्य
मंडराता रहेगा, शक्तिशाली अपना
वर्चस्व स्थापित करने का प्रयास
करेगा, निर्बल पर सदैव अत्याचार
होगा, शक्तियों को अर्जित कर
फिर कोई भ्रमित होगा स्वयं
को ईश्वर समझेगा, और उसका
विनाश करने, ईश्वर किसी ना
किसी रूप में पुनः अवतरित होंगें।

— Sheelwant Kumar

"लोभ, अहंकार, महत्वकांक्षा, जो इन तीन भावों के अधीन है, असुर है। जब तक ये अवगुण संसार में है, कोई ना कोई संकट अवश्य मंडराता रहेगा, शक्तिशाली अपना वर्चस्व स्थापित करने का प्रयास करेगा, निर्बल पर सदैव अत्याचार होगा, शक्तियों को अर्जित कर फिर कोई भ्रमित होगा स्वयं को ईश्वर समझेगा, और उसका विनाश करने, ईश्वर किसी ना किसी रूप में पुनः अवतरित होंगें।"

अवतार

शक्ति प्राप्त करने से कोई
शक्तिशाली बन जाए, ये
सत्य नहीं है, शक्ति का सम्मान
और वहन करने की क्षमता होनी
चाहिए, और ये क्षमता किसी
वरदान से प्राप्त नहीं होती,
ये हमारे अंदर विकसित होती
है, हमारे विचारों से, संस्कार से।

— Sheelwant Kumar

"शक्ति प्राप्त करने से कोई शक्तिशाली बन जाए, ये सत्य नहीं है, शक्ति का सम्मान और वहन करने की क्षमता होनी चाहिए, और ये क्षमता किसी वरदान से प्राप्त नहीं होती, ये हमारे अंदर विकसित होती है, हमारे विचारों से, संस्कार से।"

शक्तिशाली

YourQuote.in

अधिकांश व्यक्ति, ईश्वर के प्रति,
केवल इसलिए समर्पित रहते हैं,
ताकि अपने सांसारिक इच्छाओं
की पूर्ति कर सकें।

उनके विचारों की शुद्धता, उनकी तपस्या,
केवल भौतिकवाद का माध्यम बन के रह
जाती है, उसके परित्याग का नहीं ।

अहम भाव से ग्रसित ऐसे व्यक्ति अपने
से परे देख ही नहीं पाते, इन्हें जो चाहिए
वो इसलिए नहीं कि उससे, वो संसार का
उद्धार करना चाहते है, अपितु इसलिए
कि उससे वो अपना और अपने परिजनों
का उद्धार कर सके ।

— Sheelwant Kumar

"अधिकांश व्यक्ति, ईश्वर के प्रति, केवल इसलिए समर्पित रहते हैं, ताकि अपने सांसारिक इच्छाओं की पूर्ति कर सकें। उनके विचारों की शुद्धता, उनकी तपस्या, केवल भौतिकवाद का माध्यम बन के रह जाती है, उसके परित्याग का नहीं । अहम भाव से ग्रसित ऐसे व्यक्ति अपने से परे देख ही नहीं पाते, इन्हें जो चाहिए वो इसलिए नहीं कि उससे, वो संसार का उद्धार करना चाहते है, अपितु इसलिए कि उससे वो अपना और अपने परिजनों का उद्धार कर सके ।"

समर्पण

"और शक्ति पा लेने के पश्चात , उनका असली स्वरूप प्रत्यक्ष होता है , उनके व्यक्तित्व के दोष उभर कर सामने आते हैं। ऐसे व्यक्ति इस भ्रम को पोषित करने लगते हैं कि जो करते है, वही धर्म है, वही नियम है, और उनकी यही सोच उन्हें दायित्व विहीन बना देती है, और अपनी शक्तियों को अत्याचार और शोषण का माध्यम बना लेते हैं । जब जब वरदान को अहित और अन्याय हेतु माध्यम बनाया जाएगा, मैं या नारायण किसी ना किसी रूप में अवतरित होकर, उसका अंत अवश्य करेंगे।"

वरदान

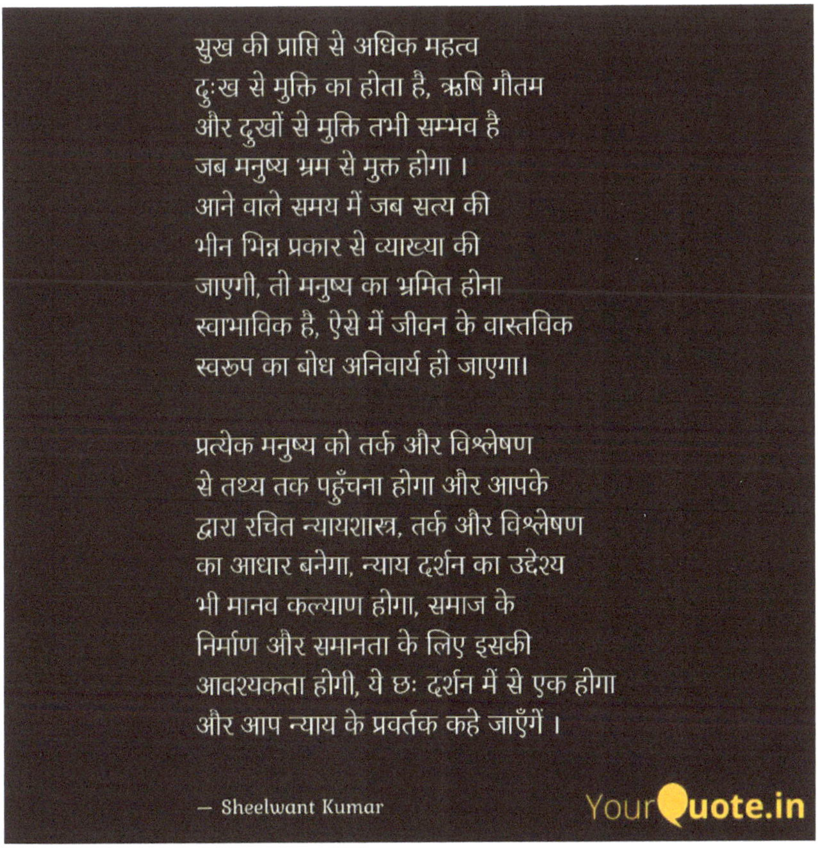

"सुख की प्राप्ति से अधिक महत्व दुःख से मुक्ति का होता है, ऋषि गौतम और दुखों से मुक्ति तभी सम्भव है जब मनुष्य भ्रम से मुक्त होगा । आने वाले समय में जब सत्य की भीन भिन्न प्रकार से व्याख्या की जाएगी, तो मनुष्य का भ्रमित होना स्वाभाविक है, ऐसे में जीवन के वास्तविक स्वरूप का बोध अनिवार्य हो जाएगा। प्रत्येक मनुष्य को तर्क और विश्लेषण से तथ्य तक पहुँचना होगा और आपके द्वारा रचित न्यायशास्त्र, तर्क और विश्लेषण का आधार बनेगा, न्याय दर्शन का उद्देश्य भी मानव कल्याण होगा, समाज के निर्माण और समानता के लिए इसकी आवश्यकता होगी, ये छः दर्शन में से एक होगा और आप न्याय के प्रवर्तक कहे जाएँगें ।"

ऋषि गौतम

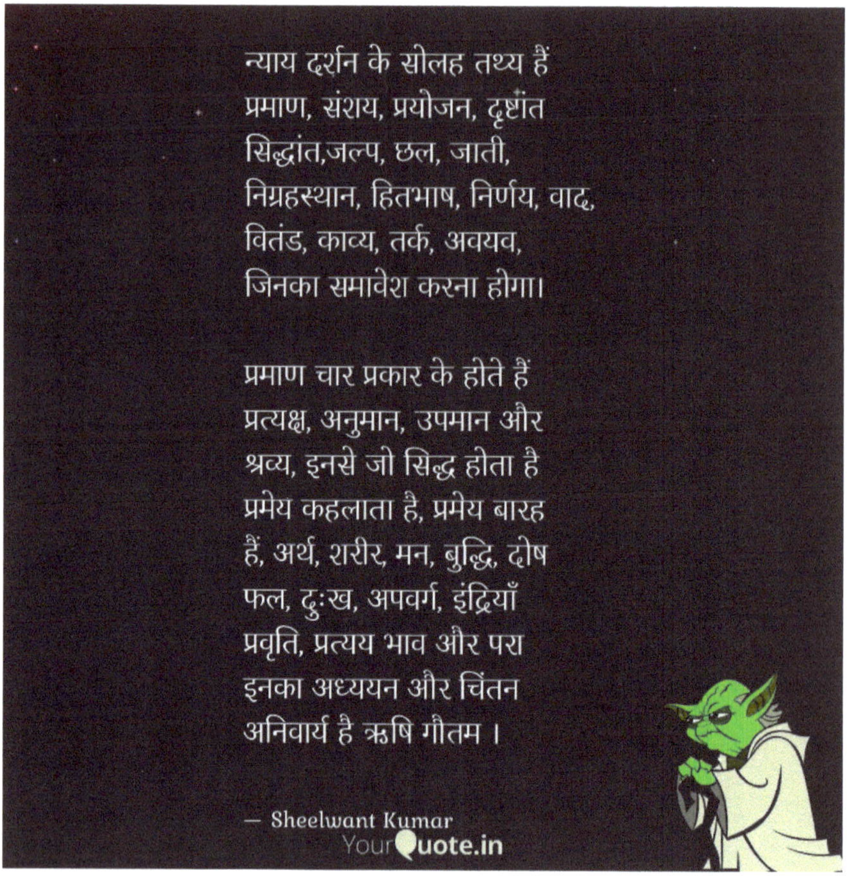

"न्याय दर्शन के सोलह तथ्य हैं प्रमाण, संशय, प्रयोजन, दृष्टांत सिद्धांत,जल्प, छल, जाती, निग्रहस्थान, हितभाष, निर्णय, वाद, वितंड, काव्य, तर्क, अवयव, जिनका समावेश करना होगा। प्रमाण चार प्रकार के होते हैं प्रत्यक्ष, अनुमान, उपमान और श्रव्य, इनसे जो सिद्ध होता है प्रमेय कहलाता है, प्रमेय बारह हैं, अर्थ, शरीर, मन, बुद्धि, दोष फल, दुःख, अपवर्ग, इंद्रियाँ प्रवृति, प्रत्यय भाव और परा इनका अध्ययन और चिंतन अनिवार्य है ऋषि गौतम ।"

न्याय दर्शन

"किस मार्ग का दर्शन, हनुमान यही तो मेरा प्रश्न है, मेरे जीवन का क्या उद्देश्य है? किसका जीवन, हनुमान? क्या मेरा जीवन, मेरा नहीं? क्या यही तुम्हारा सर्वश्रेष्ठ प्रश्न है? प्रश्न के अंतरतम तक जाओ। तुम कौन हो? मैं हनुमान । तुम्हारा नाम नहीं पूछा, तुम कौन हो? मैं अंजनी पुत्र, केसरी नंदन, तुम्हारा वंश नहीं पूछा, तुम कौन हो ? मैं वानर, तुम्हारी जाती नहीं पूछी । क्षुधा को चरम तक ले जाओ, ज्ञान की अनुभूति होगी, प्रश्न में ही उत्तर है, प्रश्न में ही समाधान ।"

हनुमान

"प्राकृतिक आपदा नश्वर शरीर द्वारा मन को अवश्य प्रभावित करती है, किंतु आत्मा में इतनी शक्ति होती है कि मन द्वारा शरीर को प्रकृति के अनुकूल ढाल सके । सती को इसका अभ्यस्त होना ही होगा, अब कैलाश ही सती का निवास स्थान है।"

प्रकृति अनुकूल

किसके लिए दक्ष ?
किसके लिए किया, आपने ये सब
संसार का संचालन, नियमवद्ध कर
भूमि को निर्वाह योग्य बनाना
ये एक प्रजापति का दायित्व ही
होता है, इसीलिए आपकी उत्पत्ति
हुई, फिर उपकार कैसा
और किस पर, प्रजा पर ?

अपने चारों ओर देखिए, वृक्ष,
पशु, पक्षी, सूर्य किसी को देखा है
अपनी महानता का बखान करते ।

— Sheelwant Kumar

"किसके लिए दक्ष ? किसके लिए किया, आपने ये सब संसार का संचालन, नियमवद्ध कर भूमि को निर्वाह योग्य बनाना ये एक प्रजापति का दायित्व ही होता है, इसीलिए आपकी उत्पत्ति हुई, फिर उपकार कैसा और किस पर, प्रजा पर ? अपने चारों ओर देखिए, वृक्ष, पशु, पक्षी, सूर्य किसी को देखा है अपनी महानता का बखान करते ।"

प्रजापति

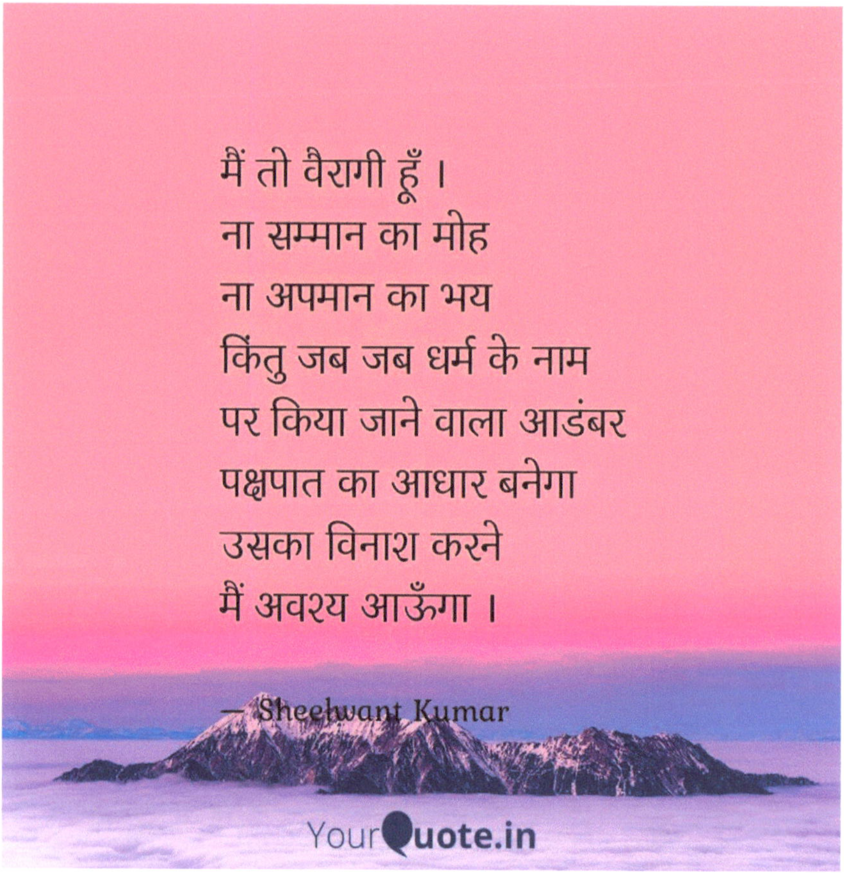

"मैं तो वैरागी हूँ । ना सम्मान का मोह ना अपमान का भय किंतु जब जब धर्म के नाम पर किया जाने वाला आडंबर पक्षपात का आधार बनेगा उसका विनाश करने मैं अवश्य आऊँगा ।"

धर्म आडंबर

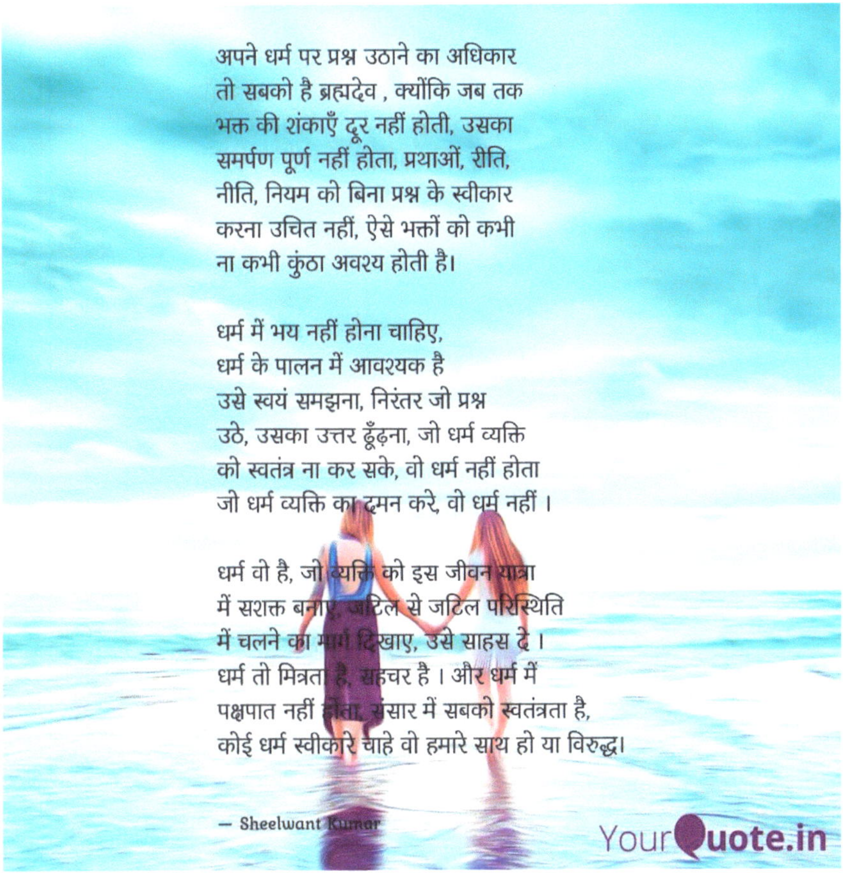

"अपने धर्म पर प्रश्न उठाने का अधिकार तो सबको है ब्रह्मदेव , क्योंकि जब तक भक्त की शंकाएँ दूर नहीं होती, उसका समर्पण पूर्ण नहीं होता, प्रथाओं, रीति, नीति, नियम को बिना प्रश्न के स्वीकार करना उचित नहीं, ऐसे भक्तों को कभी ना कभी कुंठा अवश्य होती है। धर्म में भय नहीं होना चाहिए, धर्म के पालन में आवश्यक है उसे स्वयं समझना, निरंतर जो प्रश्न उठे, उसका उत्तर ढूँढ़ना, जो धर्म व्यक्ति को स्वतंत्र ना कर सके, वो धर्म नहीं होता जो धर्म व्यक्ति का दमन करे, वो धर्म नहीं । धर्म वो है, जो व्यक्ति को इस जीवन यात्रा में सशक्त बनाए, जटिल से जटिल परिस्थिति में चलने का मार्ग दिखाए, उसे साहस दे । धर्म तो मित्रता है, सहचर है । और धर्म में पक्षपात नहीं होता, संसार में सबको स्वतंत्रता है, कोई धर्म स्वीकारे चाहे वो हमारे साथ हो या विरुद्ध।"

धर्म

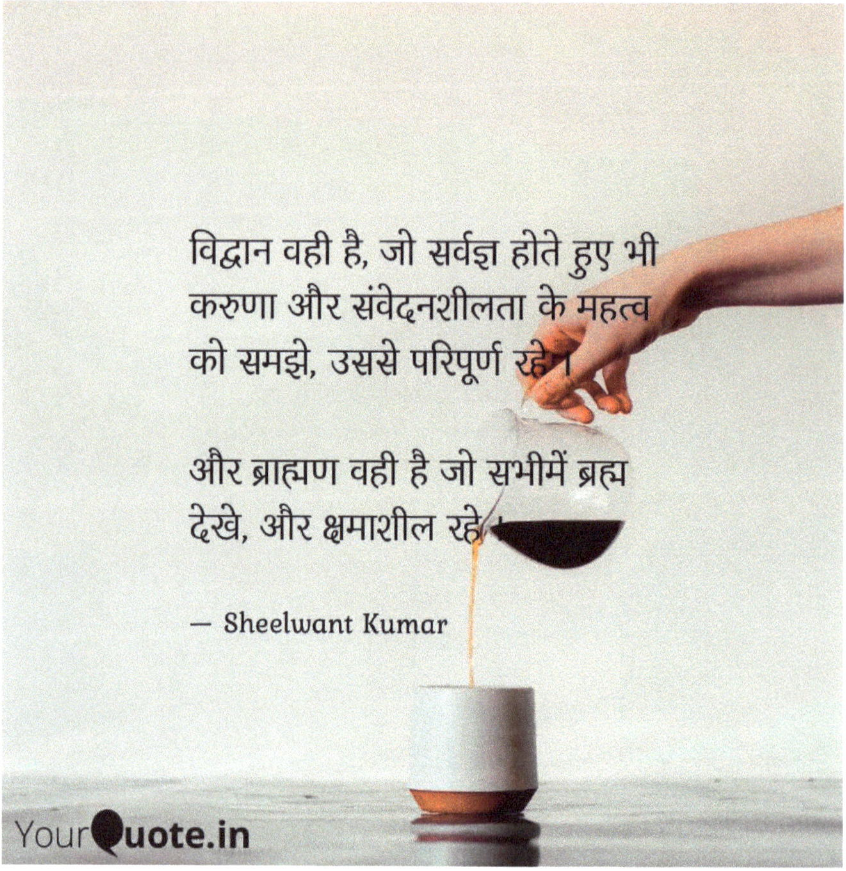

"विद्वान वही है, जो सर्वज्ञ होते हुए भी करुणा और संवेदनशीलता के महत्व को समझे, उससे परिपूर्ण रहे । और ब्राह्मण वही है जो सभीमें ब्रह्म देखे, और क्षमाशील रहे ।"

विद्वान ब्राह्मण

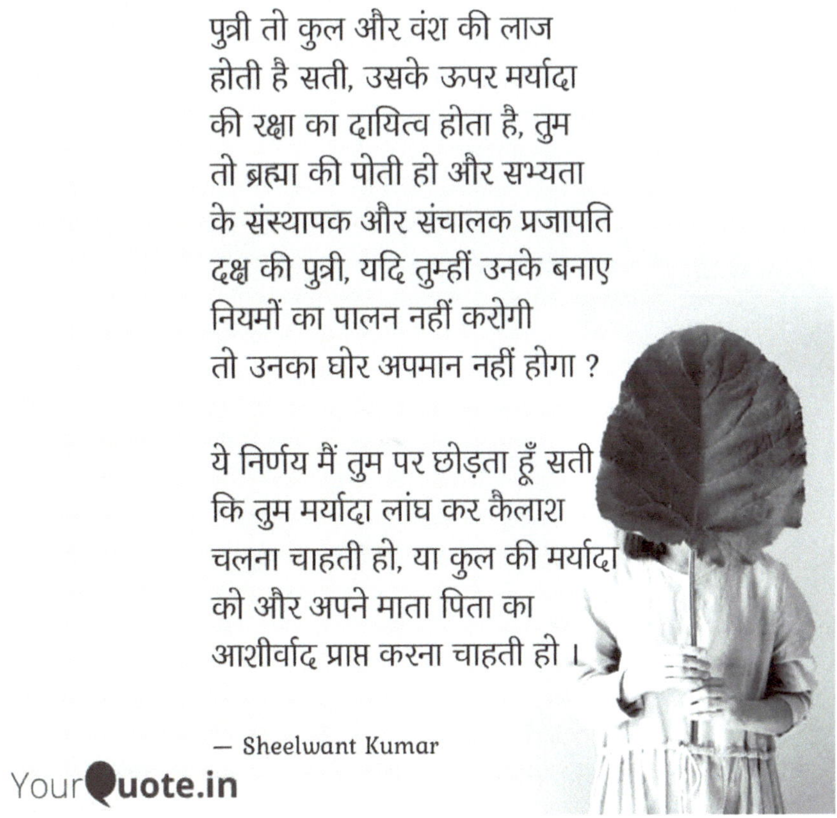

"पुत्री तो कुल और वंश की लाज होती है सती, उसके ऊपर मर्यादा की रक्षा का दायित्व होता है, तुम तो ब्रह्मा की पोती हो और सभ्यता के संस्थापक और संचालक प्रजापति दक्ष की पुत्री, यदि तुम्हीं उनके बनाए नियमों का पालन नहीं करोगी तो उनका घोर अपमान नहीं होगा ? ये निर्णय मैं तुम पर छोड़ता हूँ सती कि तुम मर्यादा लांघ कर कैलाश चलना चाहती हो, या कुल की मर्यादा को और अपने माता पिता का आशीर्वाद प्राप्त करना चाहती हो ।"

पुत्री

As heard from ‘Devo Ke Dev Mahadev’, reflected, and recollected as it comes across and scribed on YQ platform over a period! It’s dedicated to the supreme soul - ‘Shiva’ and the humankind! 😊

Sheelwant Kumar